JN014045

新 スペイン人が日本人によく聞く100の質問

スペイン語で日本について話すための本

CIEN PREGUNTAS SOBRE JAPÓN

音声DL付

瓜谷 望　瓜谷アウロラ

SANSHUSHA

音声ダウンロード・ストリーミング

1. PC・スマートフォンで本書の音声ページにアクセスします。

https://www.sanshusha.co.jp/np/onsei/isbn/9784384059571/

2. シリアルコード「05957」を入力。

3. 音声ダウンロード・ストリーミングをご利用いただけます。

本書は，『新版　スペイン人が日本人によく聞く100の質問』の内容を全面的に見直し，新たな書籍として書き下ろしたものです。

本書の特徴と使い方

本書は，スペイン語自習書として長年親しまれてきた『スペイン人が日本人によく聞く100の質問』の最新全面改訂版です。日本人のライフスタイルや日本社会の解説はもちろん，「仏教と神道の違い」などの日本宗教の特徴，「空気を読む」など日本人特有の国民性等についても新たにそれぞれ章を設け，外国人にもわかりやすく説明したのが最新版の特徴です。スペイン語文章の全音声データもダウンロード対応となりました。

また，新たな試みとして，日本人の生活習慣や文化をスペイン語で解説することに加えて，説明に役立つ表現集をテーマごとにまとめてみました。こうして，適切な文脈と音声を通して**日本を紹介する時に使えるたくさんの語彙や表現を効率的に身につけられる**のも，本書の特徴となっています。対象読者は，中級以上のレベルを目指すスペイン語学習者です。

本書の効果的な使い方を３つのステップで説明します。この学習方法を習慣化すれば，表現力が目に見えて高まるのが実感できますよ。

PASO 1　内容理解

最初に，興味あるテーマを選び，日西対訳を読み，未知の語彙や表現に下線を引く。

文章中の下線表記語句は，以下の「日本紹介に役立つ表現」に関連する語句なので，そちらも参照しながら文章全体の理解を深めてください。

PASO 2　「動詞＋名詞」表現の暗記と「瞬間作文」

次に，「日本紹介に役立つ表現」にもう一度目を通して，「動詞＋名詞」の組み合わせを表現として記憶し，頭の中で瞬間作文練習（後述）を行う。
最後に本文全体を読み直し，記憶した表現が文章内でどのように使われているかを確認する。

会話などで，名詞はわかるのに動詞がわからなくて困ることはありませんか。たとえば，花粉症の話題で，「マスク」は mascarilla だけど「マスク**をしている**」の動詞の部分がわからないような場合です。ちなみに正解の 1 つは **llevar** mascarilla です。あるいは，「春**が来る**」をスペイン語に訳したいときとき，日本人の感覚だと **venir** la primavera ですが，スペイン人は **llegar** la primavera と言います。

このように熟語ほどではなくても，「動詞＋名詞（目的語や主語）」の組み合わせには，ある程度固定的で使用頻度の高い表現がたくさんあります。これらは，単独の名詞ではなく動詞と一緒に覚えておくと，文を作るのが格段に楽になります。そこで本書では，「日本紹介に役立つ表現」として，重要単語（名詞）を単独で提示する代わりに，以下の例のように，一緒に使われる頻度の高い動詞と組み合わせて提示しました。

●（質の高い）授業を**行う** → **impartir** [dar] lecciones (de alta calidad)

●（65 歳から）年金を**受給する** → **cobrar** la pensión (a partir de los 65 años)

impartir や **cobrar** が太字なのは，文の中心となる動詞を意識するためです。語句の組み合わせを暗記するときは，「**動詞**＋関連名詞句（主語，目的語，前置詞を伴う名詞など）」を文の中核要素として最初に覚えます。例では **impartir** lecciones（授業**を行う**），**cobrar** la pensión（年金**を受給する**）の部分です。**impartir** が二重下線なのは，次に同義語表現［dar］の補足説明があることを示します。**impartir** lecciones の **impartir** を思い出せなくても，dar で代用して，dar lecciones で表現できることを示しています。難しい単語を暗記するとき同義語を同時に覚えておくと，応用力が高まります。会話などで言葉が詰まっても同義語がすぐに浮かんでくれば，円滑なコミュニケーションが保てるからです。そこで本書では，難解語句には同義語を［　］表記で付け加えました。

動詞を中心とした文の中核要素に対して，修飾語句などの周辺要素は，（de alta

calidad）や（a partir de los 65 años）のように（　）で表記しました。暗記するときのコツは，文の中核要素を覚えてから文の周辺要素を覚えることです。つまり，中核要素の **impartir** lecciones を覚えたら，周辺要素の（de alta calidad）を覚えます。同様に，中核要素の **cobrar** la pensión を覚えたら，周辺要素の（a partir de los 65 años）を覚えます。スペイン語の標準語順は，中核要素が最初で，次が周辺要素です。そこで，話すときの語順もこの順番で思い出しましょう。

表現を覚えたら，最後は，頭の中での「瞬間作文練習」です。今覚えた語句を使って，簡単な短文をいくつか作ってみます。疑問文やその答えを考えるのもおすすめです。この作業はとても重要です。表現を使って短文を瞬時に作れるようになることが，表現定着のための最終目標だからです。

そのテーマに関する「日本紹介に役立つ表現」の暗記練習と瞬間作文練習がすべて終わったら，もう一度本文全体を読み直し，記憶した表現が文章内でどのように使われているかを確認してください。

PASO 3　リスニングと発音

最後に，文章を見ないで何度もネイティブの音声を聞き，理解できない部分があれば本書で確認する。
繰り返し聞き，発音し，耳と口から語彙表現を記憶に定着させる。

すでに学習した内容を音声で聞くので，理解度が高まっているのが実感できるでしょう。音声を何度も聞き，発音することで，知らなかった語彙も定着しやすくなります。単に音声を聞いているだけでは集中力が途切れやすいので，シャドーイングも併用することでさらに効果が期待できます。音声をスマホにダウンロードし，隙間時間を利用して語彙を意識しながら繰り返し聞くのもおすすめです。

本書と類似書との内容面での違いは，「日本の宗教（仏教と神道の違いなど）」や「日本人の国民性（対立を避け，和を尊ぶことなど）」など説明の難しい事柄も詳しく解説したことです。ちなみに「日本の宗教」については，池上彰（2014）『池上彰と考える，仏教って何ですか?』（飛鳥新社），「日本人の国民性」については直塚玲子

（1980）『欧米人が沈黙するとき』（大修館書店）を参考にさせていただきました。

最後に，たくさんの有益なご指摘をいただいた三修社編集部の松居奈都さん，本書の自然なスペイン語訳文章作成に加えて，文章全体を何度も丁寧に校閲してくれた妻のアウロラ，そして，素敵なイラストをたくさん作成してくれた娘の茜に深い感謝の気持ちをお伝えします。

読者の皆様が，本書で繰り返し学習し，スペイン語の語彙や表現力の向上が実感できるようになることをとても期待しています。

瓜谷　望

Índice 目次

第1章

Estilo de vida

日本人のライフスタイル

1 Tiendas de 24 horas

コンビニ

¿Qué es esa tienda que se ve por todas partes?

どこでもよく見かけるあのお店は何ですか？

J Es una tienda de 24 horas. El nombre es una abreviatura de la expresión inglesa *convenience store* (tienda de conveniencia) y venden casi toda clase de artículos de uso diario, como alimentos, cajas de comida preparada, dulces, refrescos, bebidas alcohólicas, periódicos, revistas, tabaco, etc.

あれはコンビニです。英語の「コンビニエンスストア」の略語で，食材，お弁当，お菓子，飲料，酒，新聞，雑誌，たばこなど，生活用品ならほとんど何でも売っているお店です。

日本紹介に役立つ表現

- コンビニ → tienda de 24 horas [de conveniencia]
- 生活用品を売る → **vender** artículos de uso diario
- お弁当を売る → **vender** cajas de comida (preparada)
- 酒類を売る → **vender** bebidas alcohólicas [alcohol]

¿Es algo así como un pequeño supermercado?

スーパーマーケットの小さなものと理解すればいいですか？

J Sí, pero creo que es difícil encontrar una tienda tan sumamente conveniente en el extranjero. En 2021, cuando los Juegos Olímpicos de Tokio se celebraron bajo un estado de emergencia, los atletas extranjeros quedaron tan impresionados por las tiendas de 24 horas de Japón que subieron muchos comentarios a las redes sociales alabándolas. La característica de estas tiendas consiste en que muchas permanecen abiertas 24 horas, no se cierran en todo el año y se encuentran en cualquier parte de Japón. En las ciudades, vivas donde vivas, siempre tienes cerca una tienda de 24 horas y aunque necesites algo de repente puedes conseguirlo enseguida. Así, si te entra hambre de madrugada, puedes comprar una caja de comida sin dificultad. Y además de hacer compras, también se puede sacar dinero de tu cuenta del banco, pagar las facturas de los servicios públicos, enviar paquetes, hacer fotocopias, imprimir fotos, pagar los impuestos, comprar entradas para un concierto, etc. En resumidas cuentas, puedes hacer casi todo lo que necesitas en una sola tienda. En Japón las tiendas de 24 horas son imprescindibles.

はい。でも，これほど便利なお店は外国でも珍しいと思います。2021年，緊急事態宣言下で開催された東京オリンピックでは，日本のコンビニの素晴らしさに感激した外国人選手がSNSに発信し話題になりました。コンビニの特徴は多くが年中無休・24時間営業で，日本中いたるところにあることです。都会だったらどこに住んでいても，近くにコンビニがあるので，急に何か必要になっても，すぐ手に入るのです。たとえば，深夜にお腹が空いても，簡単にお弁当を買うことができます。しかも，買い物だけではありません。銀行預金の引き出し，公共料金の支払い，宅配便の発送，コピーをとる，写真印刷，税金の支払い，コンサートチケットの購入など，ここだけでほとんど何でもできてしまいます。日本人にとってコンビニのない生活は考えられません。

- SNSにコメント**を投稿する** → **subir** comentarios **a** las redes sociales
- 24時間**営業している** → **permanecer** [estar] abierto/ta 24 horas
- 銀行預金［銀行口座のお金］**を引き出す** → **sacar** dinero de la cuenta del banco [bancaria]
- 公共料金［公的サービスの請求書］**を支払う** → **pagar** las facturas de los servicios públicos
- 税金**を支払う** → **pagar** los impuestos

E ¿Por qué se ha extendido tanto en Japón este tipo de tiendas?

どうして日本ではコンビニがこんなに発達したのでしょう?

J En Japón cada vez hay más gente soltera o matrimonios tardíos, por lo cual ha aumentado el número de personas que viven solas y las comidas de las tiendas de 24 horas generalmente son para una persona. Asimismo hay gente que trabaja hasta altas horas de la madrugada e incluso los sábados o domingos, por lo cual muchas tiendas de 24 horas están siempre abiertas y no cierran en todo el año. Así, estas tiendas han venido evolucionando para adaptarse al estilo de la vida atareada de los japoneses. Últimamente se puede apreciar un cambio en la clientela con un aumento constante de usuarios mayores de 50 años. El envejecimiento de la población japonesa empieza así a influir en los tipos de artículos que ofrecen estas tiendas.

日本では，晩婚化・未婚化が進行中で，都会の１人暮らしが増えているのですが，コンビニで売っている食材のほとんどが１人分です。土日を含め，深夜まで働いている人もいるので，多くのコンビニは年中無休・24 時間営業です。このように，日本人の忙しいライフスタイルに応じて，コンビニは発達してきたのです。そして，近年の傾向としては，50 歳以上の客層が着実に増え続けています。こうして日本社会の高齢化は，コンビニの品揃えにも影響を与えはじめました。

- 深夜まで**働く** → **trabajar** hasta altas horas (de la madrugada [de la noche])
- 日本人のライフスタイル**に合う** → **adaptarse a**l estilo de vida japonés
- 日本の人口が**高齢化する** → **envejecer** la población japonesa [名詞：envejecimiento 高齢化]

2 Servicio de mensajería

宅配便

Se dice que en Japón el servicio de mensajería está muy desarrollado.

日本は宅配便もずいぶん発達しているそうですね。

Sí. Por su sorprendente rapidez, precio asequible y comodidad es muy popular también entre los extranjeros que residen en Japón. Creo que se encuentra sin duda entre los de más alto nivel del mundo.

はい。驚くほど速く，料金が安くて，便利だと日本に住む外国人にも大好評です。まちがいなく世界最高水準だと思います。

- 宅配便が発達する → **desarrollarse** el servicio de mensajería [de entrega a domicilio]
- 手ごろな値段だ → **tener** un precio asequible [económico]
- 日本に住む → **residir** [vivir] en Japón

¿Cuáles son sus puntos convenientes?

どこがそんなに便利なのですか？

Al hacer el envío se puede determinar no sólo el día de entrega sino también la hora. Asimismo se reparte por la noche y los días festivos. Aunque uno se encuentre ausente en el momento del reparto, dejan un aviso y si se llama por teléfono antes de una hora determinada, ese mismo día vuelven a repartirlo. Cuando se viaja al extranjero van hasta tu casa a buscar la maleta, se recoge en el aeropuerto y a la vuelta, pueden llevártela a casa. De igual modo, ya se puede ir a la pista de esquí o al campo de golf con las manos libres. ¡Incluso es posible mandar alimentos frescos en un paquete de refrigeración especial!

送るときは配達日だけでなく配達時間も指定できます。夜間や休日でもだいじょうぶ。受け取るときは，家にいなくても不在連絡票が入り，指定された時間内に電話すれば，その日に再配達してくれます。海外旅行に行くときはスーツケースを自宅まで取りに来てくれて，空港で受け取れます。帰国時は，自宅に届けてくれるサービスもあります。スキー場やゴルフ場に行くときも，もう荷物を運ぶ必要はありません。生鮮食品などは冷やしたまま送ることもできるんですよ！

- 配達日を指定する → determinar [indicar] el día de entrega
- 手ぶらで行く → ir con las manos libres [sin equipaje]
- 生鮮食品を送る → mandar [enviar] alimentos frescos

E **¡Vaya! ¡Eso es estupendo! ¿A qué se debe la aparición de un servicio tan conveniente?**

なるほど！　それはすばらしいですね！　どうしてそんな便利なサービスが生まれたのですか？

J Antes para mandar un paquete había que ir forzosamente a Correos, pero en 1976 la empresa de transportes Yamato comenzó el servicio de mensajería, dando lugar a una revolución logística con este servicio “Puerta a puerta”. Con la participación de otras empresas, debido al principio de la competencia, fueron añadiéndose rápidamente nuevos servicios.

昔は小包を送りたいとき，郵便局まで持って行くしかありませんでした。しかし，1976年にヤマト運輸が宅配便のサービスを開始し，ドア・ツー・ドアで届けるという物流革命が起こったのです。いろいろな企業が参入した結果，競争原理で新しいサービスがどんどん追加されるようになりました。

- ～は何に原因があるのか？ → ¿A qué se debe ～? [¿Cuál es la causa de ～?]
- （物流の）革命を引き起こす → dar lugar a [causar] una revolución (logística)
- 競争原理の理由で → debido al [a causa del] principio de la competencia

003

3 Inodoros con bidé de agua caliente

温水洗浄便座

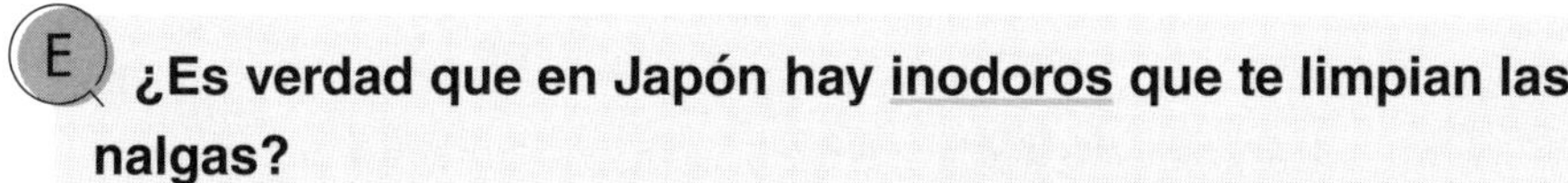

E **¿Es verdad que en Japón hay inodoros que te limpian las nalgas?**

日本にはお尻を洗ってくれるトイレがあるそうですが，本当ですか？

J Sí. El primero se puso a la venta en 1980. Al principio se propagó en los aseos de las instalaciones comerciales y ahora ya es algo normal en los hogares. Mucha gente dice que si te acostumbras a ellos ya no podrás usar uno normal.

はい。1980 年に発売されたのが最初です。まず，商業施設のトイレで普及していき，今では一般家庭でも珍しくなくなりました。これに慣れてしまうと，ふつうのトイレはもう使えないという人も少なくないのですよ。

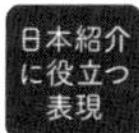

- **便器に腰かける** → sentarse **en el inodoro** [en la taza del inodoro]
- **発売される** → **ponerse** [salir] **a la venta**
- **普及する** → **propagarse** [generalizarse]

E **¿Cómo se usa?**

どのように使うのですか？

J Si se aprieta el botón después de usar el inodoro sale un fuerte chorro de agua caliente para limpiar el trasero. Es un tipo de inodoro de alta tecnología. Cuando hace frío, el asiento se calienta. Algunos tienen la función de secar las nalgas tras limpiarlas. Asimismo, para eliminar el mal olor después del uso, muchos tienen función desodorante. Hay inodoros con un sensor para que la tapa se abra automáticamente al acercarse alguien y se cierre cuando se retira. En los aseos públicos de señoras hay además otra función: al apretar un botón se oye correr el agua durante un tiempo determinado. En realidad el agua no está corriendo, es sólo un simulacro. ¿Sabes por qué?

トイレの使用後にボタンを押すと，勢いよく温水が吹き出してきて，お尻を洗ってくれるのです。このトイレ，とてもハイテクなのですよ。寒い季節は便座が暖かくなります。洗浄後，お尻を乾かす乾燥機能があったり，使用後の臭いを消す消臭機能がついたトイレも多いです。人が近づくとセンサーで蓋が自動的に開き，使用後，人が立ち去ると閉じるトイレもあります。さらに，女性用の公共のトイレには特殊な機能がついているのです。あるボタンを押すと，一定時間，水を流す音が出るのです。実際に水は流れず，疑似音だけが流れるのですが，なぜだかわかりますか？

- 先端技術の［ハイテクの］→ de alta tecnología
- 悪臭を取り除く → **eliminar** [quitar] el mal olor
- 消臭機能を持つ → **tener** función desodorante

Pues, no tengo ni idea. ¿Por qué?

さあ，見当もつきません。どうしてですか？

J Se usa para que no se oiga el sonido mientras hacen sus necesidades. A las japonesas les da vergüenza que las oigan. Antes, para evitarlo, se dice que cuando estaban dentro vaciaban la cisterna continuamente, lo que constituía un gran derroche de agua. Por tal motivo actualmente en muchos aseos públicos está instalado este dispositivo que imita el sonido del agua corriendo.

用を足している音を隠すために使うのです。日本人女性はこの音を聞かれることをとても恥ずかしがります。以前は，この音を聞かれないように，絶えず水を流しながらトイレを使っていたのだそうです。大量の水の無駄遣いだったわけです。そこで，この水を流す疑似音装置が，今では日本中の多くの公共のトイレに設置されるようになったのです。

●**用便を足す**《婉曲》 → hacer sus necesidades [defecar]
●水**を浪費する** → derrochar el agua [名詞：derroche 浪費]

Máquinas expendedoras

自動販売機

E **En Japón, verdaderamente se encuentran máquinas expendedoras por todas partes.**

日本って，自動販売機が本当にどこにでもありますね。

J Es cierto que en España sólo se ven en lugares determinados como en las estaciones, pero en Japón se encuentran por doquier: aparcamientos, parques, aceras, etc. Resulta muy conveniente poder comprar un refresco en cualquier sitio en los calurosos días veraniegos de Japón. Se puede decir que las máquinas expendedoras forman parte del paisaje de las ciudades japonesas.

確かにスペインだと駅など限られた場所にしかありませんが，日本だと，駐車場にも，公園にも，歩道にも，あちこちに自動販売機が置いてあります。暑い日本の夏，どこでも冷たい飲み物が買えるのはとても便利です。自動販売機は日本の街中の風景の一部になっていると言えるでしょう。

- 自動販売機を見つける → **encontrar** una máquina expendedora
- どこにでもある → **encontrarse** por doquier [en cualquier sitio]
- 日本の風景の一部になる → **formar parte de**l paisaje de Japón

E **Además, las hay de muchos tipos, ¿verdad?**

それに，種類も豊富ですね？

J Sí. De bebidas, comidas, dulces, periódicos, revistas, etc. Y también de fideos chinos en vaso de plástico, ropa interior, flores y hasta de plátanos. Por otra parte, algunas están programadas para funcionar en caso de desastres, ofreciendo las bebidas gratis a las personas que vuelven a pie a sus casas tras un gran terremoto u otros desastres.

はい。飲み物・食品・お菓子・新聞・雑誌などの他，プラスチック容器のカップラーメン，下着，花，バナナを売っている機種まであるのです。それから，災害対応型自動販売機というものもあります。これは，大きな地震などのとき，徒歩で帰宅する人々のために無料で飲み物を提供する機能を持っているものです。

- （カップ）ラーメン**を売る** → **vender** fideos chinos (en vaso de plástico)
- 災害時に**使える**［機能する］→ **funcionar** en caso de desastres
- （無料で）飲み物**を提供する** → **ofrecer** bebidas (gratis)

E **Parece que también existen máquinas de alta tecnología que pueden distinguir la edad de las personas, ¿no?**

人間の年齢を区別できるハイテク機種もあるそうですね？

J Sí. Por ejemplo, había máquinas expendedoras de tabaco que podían reconocer las caras, determinando si era una persona adulta o no, para evitar que lo compraran los menores. Otras máquinas sorprendentes son las de bebidas llamadas de la siguiente generación, difundidas en las estaciones de los Ferrocarriles Nacionales. En ellas la gran pantalla táctil de alta definición llama mucho la atención. Al pararse delante un cliente, un sensor de la parte superior analiza la imagen y deduce la edad y el sexo. Además, teniendo en cuenta la hora y la temperatura, recomienda el producto más apropiado para esa persona en ese momento. ¡Es asombroso!

はい。たとえば，以前はたばこの自動販売機の一部に，顔を認証して，成人かどうか判定するものもありました。未成年者が買えないように取り組んでいたのですね。

それから，JR の駅で普及している，次世代型と言われている飲み物の自動販売機もすごいですよ。高画質の大画面ディスプレイがタッチパネルになっていて，とても目立ちます。客が前に立つと上部のセンサーが客の画像を分析し，性別や年齢を推定するのです。さらに時刻と気温情報をもとにその人に最適な商品をおすすめするというのですから驚きです！

- **顔を認識する** → **reconocer** las caras
- 次世代の → de la siguiente generación
- （高画質の）タッチパネル**がある** → **tener** una pantalla táctil (de alta definición)

Planta sótano de los grandes almacenes

デパ地下

E **Dicen que en Japón tiene gran popularidad la planta sótano de los grandes almacenes donde se venden alimentos.**

日本ではデパートの地下食品売り場が大人気だそうですね。

J Sí. A esta planta la llaman con el apodo de *depachika*. Diariamente en las revistas y la televisión aparecen los productos gastronómicos de *depachika*, lo que ha dado lugar a que se ponga de moda. Estos días también es muy popular entre los extranjeros que visitan Japón.

はい。「デパ地下」の愛称で親しまれています。そこで売られている食品は，「デパ地下」グルメとして雑誌やテレビで毎日のように取り上げられていて，流行の発信源にもなっています。今では日本に来る外国人にも大人気ですよ。

- 地階にある → **estar en** la planta sótano [el sótano]
- グルメ食品を味わう → **saborear** productos gastronómicos
- 新しいスイーツが流行する → **ponerse de moda** nuevos dulces

¿Qué venden allí?

どんなものを売っているのですか？

J Principalmente entremeses, cajas de comida preparada, dulces, bebidas alcohólicas, etc. Hay puestos de las tiendas más famosas de todo el país.

A diferencia de los supermercados, son elegantes, tienen un toque de distinción y ofrecen un gran surtido. Los envoltorios están muy bien presentados, por lo cual se puede disfrutar al mismo tiempo tanto del contenido como del aspecto exterior. Especialmente los dulces tienen mucha aceptación entre las mujeres por su gran variedad y la presentación estética en las vitrinas. Los que destacan más son presentados repetidas veces en los programas televisivos por lo que se convierten en un boom y atraen a nuevos clientes.

主に惣菜，弁当，スイーツ，酒などです。全国の人気店が出店しています。スーパーとは違って，おしゃれで高級感があり，種類もはるかに豊富です。包装にも様々な工夫が凝らしてあり，見栄えと中身を同時に楽しめるのです。中でもスイーツの種類の豊富さと展示の美しさには定評があり，女性たちに大人気です。注目されるものはテレビの情報番組でどんどん取り上げられるのでブームになり，さらなる集客につながるのです。

- 洗練さを**備える** → **tener** un toque de distinción [elegancia]
- 豊富な品揃え**を持つ** → **ofrecer** un gran surtido [gran variedad de géneros]
- 見栄えがいい包装**だ** → **tener** un envoltorio bien presentado [動詞：envolver 包装する]

E ¿A qué se debe la costumbre de vender alimentos en la planta sótano?

なぜ，地下で食品を売るようになったのですか？

J Es más fácil instalar en el sótano las cañerías de agua y gas necesarias para el equipamiento de la cocina. Además, los grandes almacenes japoneses se han venido extendiendo teniendo como eje central las grandes estaciones ferroviarias. Estas tienen conexión con las estaciones de metro, alrededor de las cuales se han desarrollado zonas comerciales subterráneas siempre muy transitadas. La planta sótano de los grandes almacenes puede atraer a esta masa de gente. De ahí que dichas tiendas de alimentos suelan estar en la planta sótano.

厨房設備に必要な水やガスの配管が地下のほうが簡単なのです。それに日本のデパートは大きな駅を中心に発達してきました。それらの駅は地下鉄駅と接続しています。そして，地下鉄駅の周りには人通りの絶えない地下街が発展しています。デパ地下はこの大量の人の流れを呼び込むことができるのです。そんなわけで，食品売り場は地下が定番になっています。

- （水やガスの）配管**を設置する** → **instalar** cañerías (de agua y gas)
- 地下鉄駅**と接続している** → **tener conexión con** las estaciones de metro
- 地下街［（地下の）商業エリア］**が発展する** → **desarrollarse** las zonas comerciales (subterráneas)

Tiendas de todo a 100

100円ショップ

E **En las tiendas de todo a 100 japonesas hay un gran surtido de géneros, ¿verdad?**

日本の100円ショップって商品の種類が豊富ですね?

J En el extranjero también hay tiendas de todo a un dólar o todo a un euro, pero es raro que tengan tan gran variedad de géneros o que el local sea tan grande como el de las japonesas de todo a 100. Los extranjeros que visitan Japón se quedan sorprendidos ante la variedad de artículos de uso diario de diferentes diseños y colores alineados en las estanterías.

1ドルショップや1ユーロショップは外国にもありますが，日本の100円ショップほど品数が豊富で，売り場面積も広いタイプは珍しいようです。日本に来た外国人は，デザインや色が豊富でさまざまな生活雑貨が陳列されていることにみんな驚いています。

- （100円均一）ショップ**で買う** → **comprar en** una tienda (de todo a 100)
- 豊富な品揃え**を持つ** → **tener** gran variedad de géneros [de artículos]
- とても大きな店舗**を持つ** → **tener** un local muy grande

E **¿Hay tiendas de todo a 100 donde se venden otras cosas aparte de artículos de uso diario?**

生活雑貨以外のものを扱っている100円ショップもありますか?

Ⓙ Estas tiendas de todo a 100 se pusieron de moda en la segunda mitad de los años 80. En la segunda mitad de los 90, con la deflación, este sector industrial creció más. Y, a partir más o menos del año 2000, aparecieron las tiendas de todo a 100 en las que se venden alimentos frescos, como por ejemplo, verduras. Están ganando popularidad ampliando también su clientela a las amas de casa, las personas de mediana edad y los mayores.

100 円ショップが流行りだしたのは 80 年代の後半です。90 年代後半になるとデフレが進行して，100 円ショップ業界はさらに成長しました。そして，2000 年前後からは，野菜などの生鮮食品を扱うタイプの 100 円ショップも生まれました。主婦や中高年にも客層を拡大し，人気を博しています。

- 人気を博す → **ganar** popularidad
- 客層が広がる → **ampliarse** la clientela
- 中高年の人々［中年の人々と高齢者］→ las personas de mediana edad y los mayores

Ⓔ ¿Por qué podrán reunir tantos artículos a un precio tan bajo?

なぜ，こんなに安い商品をたくさんそろえることができるのでしょう？

Ⓙ Eso se debe a que existe una macrocadena de tiendas de todo a 100. Encargando a los fabricantes la producción en masa de artículos de su propia marca, rebajan los costos de producción. Debido al elevado número de tiendas, es posible reducir el riesgo de no poder liquidar las existencias aunque hagan un gran pedido. Asimismo, poniendo en las estanterías de la tienda un poco de cada cosa, es posible hacer resaltar la variedad de artículos. Al ser la mayoría de los productos fabricados en los países asiáticos cercanos también son menores los gastos de personal.

それは大規模な 100 円ショップチェーンが発展しているからです。メーカーに自社ブランド商品の大量生産を依頼し，製造コストを下げているのです。大量発注しても店舗数が多いので，在庫リスクを抑えることができるのです。また，少量ずつ陳列することで，いろいろな種類の商品をアピールしています。生産拠点の多くがアジア近隣諸国なので，人件費を抑えることもできるのです。

●製造のコストを下げる → rebajar [reducir] los costos de producción
●在庫を処分する → liquidar [terminar con] las existencias
●商品の豊富さをアピールする → hacer resaltar [llamar la atención sobre] la variedad de artículos

Aguas termales

温　泉

A los japoneses les fascinan las aguas termales, ¿verdad?

日本人は本当に温泉が好きなのですね？

J Sí. Posiblemente para los japoneses la forma más popular de pasar su escaso tiempo libre sea relajarse en las aguas termales. En Japón, país volcánico, abundan las aguas termales por doquier. Incluso muchas personas que viven en las grandes ciudades como Tokio van a las aguas termales en los días de descanso. Descansar tranquilamente en el baño al aire libre en plena naturaleza es el mejor método para quitar el estrés.

はい。余暇の少ない日本人にとって，一番人気がある余暇の過ごし方は温泉でリラックスすることかもしれません。日本は火山が多いので，いたるところに温泉があるのです。東京などの大都市に住んでいても，休暇を近郊の温泉で過ごす人もたくさんいます。大自然の中の露天風呂でのんびりすることは，最高のストレス解消法なのですよ。

日本紹介に役立つ表現

- ●余暇を過ごす → **pasar** su tiempo libre [tiempo de ocio]
- ●温泉でリラックスする → **relajarse en** las aguas termales [los baños termales]
- ●ストレスを解消する → **quitar** [eliminar] el estrés

Dime cómo se usan las aguas termales.

温泉の使い方を教えてください。

J La principal diferencia con los balnearios turísticos de España es que no se pone uno el bañador en Japón para entrar en el baño común. Por eso, los baños de hombres y mujeres están separados. Aparte hay otros puntos a tener en cuenta. Es necesario echarse agua caliente por encima antes de entrar en el baño. No se debe meter la toalla en el agua. Esa es una norma de cortesía para que no se ensucie el agua. Para lavarse el cuerpo se sienta uno en un pequeño taburete. También se usa la ducha sentado porque si se hace de pie se salpica a la persona que está sentada al lado.

スペインのスパ・リゾートとの一番の違いは，大浴場に入るときに水着を着ないことです。だから，大浴場は男女別になっています。その他にもいくつか注意があります。湯船に入る前には掛け湯で身体を流す必要があります。タオルを湯船に入れてもいけません。これは湯船の水を汚さないためのエチケットです。身体を洗うときは小さな椅子に座ります。シャワーも座って使います。立ってシャワーで身体を洗うと，隣で座っている人に水がかかってしまうからです。

- スパリゾート［観光客の温泉地］に行く → **ir a** un balneario turístico
- 水着を着る → **ponerse** el bañador
- エチケットを守る → **respetar** las normas de cortesía［los buenos modales］

E Yo no me atrevo a entrar desnudo en el baño, ¿qué puedo hacer?

大浴場で裸になるのは抵抗があるのですが，どうしたらいいでしょう？

J Para esas personas es recomendable el baño familiar. Es un cuarto de baño para uso privado de las familias y las parejas. Casi siempre hay que reservarlo de antemano, por eso es mejor pedirlo en cuanto se llegue al hotel. Quien se acostumbra a los baños termales de Japón se hace adicto a ellos, por eso tienen tantos fans extranjeros.

そういう人には家族風呂がおすすめです。これは家族やカップルのためのプライベートな貸し切りの浴室です。予約が必要なことが多いので，旅館に着いたらすぐに申し込むことです。日本の温泉は慣れると，やみつきになりますよ。温泉ファンの外国人もたくさんいるのですから。

●**思い切って**（裸で）風呂に入る → **atreverse a** entrar (desnudo/da) **en** el baño
●家族風呂**を**（事前に）**予約する** → **reservar** (de antemano) el baño familiar
●温泉**にハマる** → **hacerse adicto/ta a** [engancharse a] los baños termales

008

8 Animales de compañía

ペット

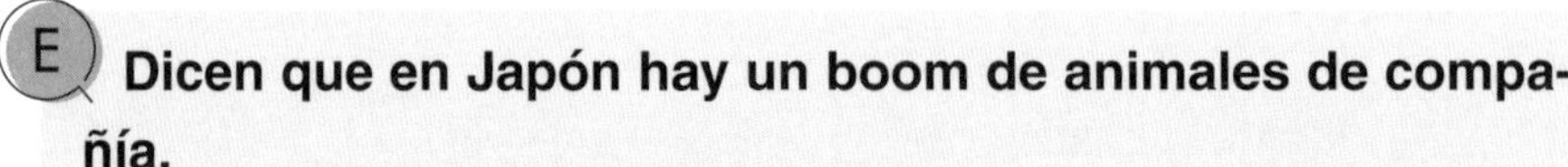

E **Dicen que en Japón hay un boom de animales de compañía.**

日本はペットブームなのだそうですね。

J Sí. En España también mucha gente tiene animales de compañía, pero en Japón el desarrollo comercial relacionado con este tema es espectacular. Hay incluso “Funerales para mascotas”, “Seguro para mascotas”, “Suplementos alimenticios para mascotas” y “Decoración de uñas para mascotas.” En Japón son muy populares los perros de pequeño tamaño, como los caniches y chihuahuas. Se ven pocos perros grandes como los de España. Este boom tiene como trasfondo el aumento, a partir del año 2000, de la construcción de pisos en los que se permite tener animales, por lo cual aumentó rápidamente la demanda de mascotas pequeñas que se pueden criar en casa dando lugar al desarrollo de la industria de tal campo.

はい。スペインでもペットを飼う人は少なくありませんが，日本のペット産業の発展ぶりはすごいですよ。「ペット葬儀」，「ペット保険」，「ペット用サプリメント」，「ペット用ネイルアート」まであるのです。日本の場合，プードルやチワワのような小さな犬が大人気です。スペインのような大型犬はあまり見かけません。これは，2000 年以降，ペット飼育可能な新築マンションが急増したことが背景にあります。だから室内で飼える小型ペットの需要がどんどん増え，ペット産業も急成長したのです。

●ペットを飼う → tener un animal de compañía [una mascota]
●食品サプリメントを飲む → tomar suplementos alimenticios
●背景としてマンションの増加がある → tener como trasfondo el aumento de pisos

E **¡Vaya, vaya! ¿Por qué les gustarán tanto las mascotas a los japoneses?**

すごいですね！　日本人はなぜそんなにペット好きなのでしょう？

J Creo que tiene mucho que ver con el cambio del estilo de vida del Japón actual. Debido a la tendencia a casarse más tarde, la caída de la tasa de natalidad y el envejecimiento de la población, disminuyen a pasos agigantados las oportunidades de tratar con la gente. Me da la impresión de que ha aumentado el número de personas que tienen animales de compañía por tal causa. Así, creo que cada vez hay más gente que considera que las mascotas son un miembro de la familia. Cuando se les mueren, les hacen un funeral en toda regla.

背景には，現代日本のライフスタイルの変化があるのだと思います。晩婚化，少子化，高齢化で，人と触れ合う機会がどんどん減っています。そのためペットを飼う人が多くなってきたような気がします。だから，ペットを家族の一員と考える人が増えているのだと思います。ペットに死なれると，丁寧な葬儀をする人も珍しくなくなりました。

●晩婚化する傾向のせいで → debido a [a causa de] la tendencia a casarse más tarde
●出生率の減少が進む → avanzar la caída [disminución] de la tasa de natalidad
●人々と触れ合う機会が減少する → disminuir las oportunidades de tratar con la gente

E **¡Qué suerte tienen las mascotas japonesas de ser tan queridas!**

日本のペットは愛されていて幸せですね！

J Por desgracia no siempre es así. Este repentino aumento de mascotas ha traído consigo el aumento de personas que las abandonan. A causa de este boom exagerado de los perros pequeños pocas personas quieren hacerse cargo de los perros que crecieron, por lo cual estos años el alto índice de sacrificio de perros recogidos por los centros de sanidad pública se ha convertido en un problema social.

残念ながらそうとは言えないケースもあるのです。これだけペットが増加すると，ペットを放棄する飼い主も増えています。日本では小型犬の人気が異常なため，大きくなってしまった犬などのもらい手が少ないのです。そのため，保健所で保護された動物の殺処分率の高さが近年社会問題化しているのです。

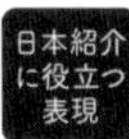

- 犬の世話をする → hacerse cargo de [cuidar a] los perros
- 保護された犬の殺処分率 → índice de sacrificio de perros recogidos [動詞：sacrificar 犠牲にする，畜殺する]
- 社会問題化する → convertirse en un problema social

9 Contemplación de los cerezos en flor

お花見

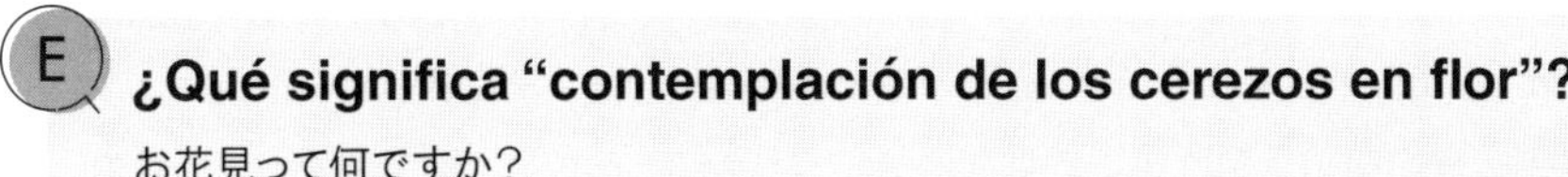

E **¿Qué significa "contemplación de los cerezos en flor"?**

お花見って何ですか?

J Se puede decir que es una clase de fiesta para disfrutar debajo de los cerezos en plena floración. Se divierte uno comiendo y bebiendo con los amigos y la familia mientras se aprecia la belleza de los cerezos. En primavera, cuando llega la época de la floración de los cerezos, la mayoría de los parques de Japón rebosan de gente que va a contemplar los cerezos florecidos. Es un evento nacional tradicional. Ya que la época de plena floración es muy corta, cada año los japoneses hacen una previsión sobre cuándo florecerán y, pensando cuáles serán los mejores días para apreciarlos, preparan el plan de ese año para organizar un festejo bajo los cerezos.

満開の桜の木の下で楽しむパーティの一種と言えるかもしれません。桜の美しさを鑑賞しながら，友人や家族と飲食して，楽しい時間を過ごすのです。春，桜が開花する時期になると，日本中の多くの公園は花見客であふれかえります。国民的な伝統行事になっているのです。満開の時期はとても短いので，日本人は毎年，開花時期を予想し，いつが一番見ごろかを考え，その年の花見の予定を立てるのです。

日本紹介に役立つ表現

- （満開の）桜の下で → debajo de los cerezos (en plena floración)
- 桜の美しさを**鑑賞する** → **apreciar** [admirar] la belleza de los cerezos
- お花見に［（開花した）桜を見に］**行く** → **ir a** contemplar [ver] los cerezos (florecidos)

¿Cómo prevén la época de floración?

どうやって開花時期を予想するのですか？

J Todos los años la previsión de la floración de los cerezos es un tema que atrae la atención a nivel popular. Por lo tanto, en esa época, los partes meteorológicos diariamente dan la previsión de la floración. Por supuesto, en Internet también hay profusión de información acerca de cada localidad. Basándose en estas informaciones hacen planes para disfrutar de los cerezos en flor en su momento de mayor esplendor.

毎年，桜の開花予想は国民的な関心事になります。だから，その時期，テレビやラジオの天気予報では，毎日のように開花予測のアナウンスがあるのです。もちろんインターネットも各地の開花情報であふれます。これらを参考に，満開の一番美しい桜を楽しもうと予定を立てるのです。

日本紹介に役立つ表現

- ●開花の時期を**予想する** → **prever** la época de floración［名詞：previsión 予測］
- ●（人々の）注目を**集める** → **atraer**［llamar］la atención (a nivel popular)
- ●（開花した）桜を**楽しむ** → **disfrutar de** los cerezos (en flor)

¿Por qué tendrán los japoneses tanta pasión por los cerezos?

なぜ日本人は桜がそんなに好きなのでしょう？

J Pienso que hay varias razones, pero creo que una de las claves fundamentales es lo efímero de la duración de los cerezos en flor. De hecho, los cerezos florecen en cada zona al mismo tiempo y en sólo unos 10 días pierden los pétalos. La belleza de la caída de las delicadas flores deja un recuerdo imborrable. Frecuentemente se compara con la fugacidad de la vida humana. No puedo por menos de pensar que su breve duración evoca a los japoneses el respeto a la vida y la importancia de la misma.

いろいろ理由はあると思いますが，桜が開花している期間が非常に短いことも大いに影響していると思います。実際に，桜は地域ごとにいっせいに咲き，わずか 10 日ぐらいで散ってしまうのです。可憐な花の散り際の美しさはとても印象的です。それはしばしば人の命のはかなさにたとえられます。日本人は，桜のはかなさの中に命の尊さや大切さを感じ取っているような気がしてなりません。

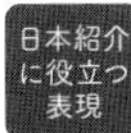

- 桜**が大好きだ** → **tener pasión por** [encantarle (a +人)] los cerezos
- 【植物が主語】花びらが散る [**を失う**] → **perder** los pétalos
- 命のはかなさ**にたとえられる** → **compararse con** la fugacidad [la brevedad] de la vida

10 Halloween

ハロウィン

E **En Japón también se celebra Halloween, ¿verdad? He visto a muchos jóvenes disfrazados en Shibuya.**

日本にもハロウィンがあるんですね？　渋谷で仮装しているたくさんの若者たちの写真を見たことがあります。

J La típica imagen de Halloween en EE.UU. es la de unos niños visitando las casas vecinas disfrazados en busca de dulces, mientras que la de Japón es representada típicamente por los numerosísimos jóvenes que acuden al famoso cruce de Shibuya disfrazados para recorrer en grupo las calles colindantes.

アメリカでハロウィンというと子どもたちが仮装していろいろな家に行き，お菓子をもらうイベントというイメージですが，日本では，ものすごい数の若者が渋谷のスクランブル交差点に集まって，さまざまな仮装で闊歩（かっぽ）するイメージが強くなりました。

- 仮装した若者たち**を見る** → **ver a** los jóvenes disfrazados［動詞：disfrazarse 仮装する］
- お菓子を求めて**歩く** → **andar** en busca de dulces
- 渋谷の（スクランブル）交差点**に行く** → **acudir**［ir］**a**l cruce de Shibuya

E **¿Desde cuándo se popularizó en Japón?**

いつごろから日本でも定着したのですか？

J Dicen que fue el parque temático de Disneylandia el que dio pie a su popularidad. Este empezó a organizar festejos a partir de 1997 atrayendo cada año a mayor número de personas, hasta tal punto que los dos meses caracterizados por las fiestas de Halloween se han convertido en la época más concurrida del año en Disneylandia. Es posible que la costumbre de los disfraces de Halloween haya sido aceptada tan fácilmente aquí por el arraigo de la cultura de "cosplay" en Japón. En la época de Halloween muchos jóvenes cuelgan orgullosos sus propias fotos de disfraces en las redes sociales. La difusión de las redes sociales también parece haber contribuido a la popularización de Halloween en Japón.

ハロウィン人気に火が付いたのは，ディズニーランドの影響が強いと言われています。1997年より日本のディズニーランドでハロウィンイベントが開催され，これが年々人気になりました。このイベントが開催される約2か月間が，ディズニーランドが一番混雑する時期になっているほどです。日本はもともと「コスプレ」文化が盛んなので，ハロウィンの仮装を受け入れやすかったのかもしれません。この時期，SNSでは，たくさんの若者が自慢の仮装の自撮り写真をアピールしますが，SNS人気もハロウィンの定着に貢献しているようです。

- 人気をもたらす → **dar pie a** [causar] su popularidad
- （年間で）一番混雑する**時期だ** → **ser la época** más concurrida (del año)
- SNSに写真を投稿する → **colgar** fotos **en** [subir fotos a] las redes sociales

E ¿No hay influencia del comercialismo?

商業主義の影響もありますか？

J Sí, en Japón participa muchísima gente en las fiestas de Halloween, desde los niños hasta los adultos. Por eso resulta tremenda la venta de artículos relacionados en esta época del año. Halloween es el 31 de octubre, pero ya a comienzos de octubre los establecimientos comerciales se engalanan con decoraciones típicas con el objeto de vender diversos productos para esta festividad. Dicen que la venta comercial de esta época ya ha superado a la del día de San Valentín y se está acercando a la de las Navidades.

はい，日本のハロウィンは子どもから大人までたくさんの人が参加するので，関連商品の消費規模もすごいのですよ。ハロウィンは 10 月 31 日ですが，10 月に入ると商業施設ではもうハロウィンの飾り付けが始まり，関連商品が並べられます。今では，バレンタインの市場規模を上回り，クリスマスに次ぐ市場規模になっているそうです。

- ハロウィンの装飾で**飾られる** → **engalanarse con** [adornarse con] decoraciones de Halloween
- X は Y **に勝る** → X **superar a** Y

Navidad

クリスマス

¿En Japón también se celebra la Navidad?

日本でもクリスマスを祝うのですか？

Sí, pero dicen que en Japón sólo hay un 1% de cristianos, por consiguiente es una celebración más bien comercial, con poco sentido religioso. El árbol de Navidad y la iluminación no son más que reclamos para atraer clientes. Desde principios de noviembre los grandes almacenes y establecimientos comerciales se engalanan con adornos navideños y se ponen canciones navideñas. Para muchos japoneses es el momento en que sienten que se aproxima el mes de diciembre.

はい。でも，日本のキリスト教徒は人口のたった1%程度と言われています。だから，宗教色はほとんどなく，どちらかというと商業的なイベントとして祝われています。クリスマスツリーやイルミネーションが集客の目玉なのです。11月の初めごろからデパートなどの商業施設はいっせいにクリスマスの装飾であふれ，クリスマスソングが流れます。多くの日本人にとって「もうすぐ12月だ」と感じる瞬間になっているのです。

- クリスマスを祝う → **celebrar** la Navidad
- （集客のための）目玉だ → **ser** un reclamo [un cebo] (para atraer clientes)
- クリスマスソングを流す → **poner** canciones navideñas

¿Qué diferencias hay con la Navidad de España?

スペインのクリスマスとの違いは何ですか？

La principal diferencia es la presencia o ausencia de matiz religioso, pero hay algunas otras también. En España las fiestas navideñas se prolongan hasta el 6 de enero, que es cuando los Reyes Magos de Oriente llevan los regalos a los niños. Sin embargo, en Japón terminan el 25 de diciembre y es a partir de ese día cuando los adornos navideños de Japón dan paso de golpe a los de Año Nuevo. No obstante, seguramente lo que más sorprende a los extranjeros es la forma de pasar la Nochebuena los jóvenes japoneses, porque han llegado a pensar que es el día de los enamorados.

一番の違いは宗教色の有無ですが，その他にもいくつか違いがあります。スペインのクリスマスシーズンは，東方の三博士が子どもたちに贈り物を届ける１月６日まで続きますが，日本は12月25日までです。その日を境に，クリスマスの飾り付けは正月用のものに変わってしまいます。でも外国人が一番驚くのは，日本の若者たちのクリスマスイブの過ごし方かもしれません。彼らはこの日を恋人たちの日と考えるようになったからです。

日本紹介に役立つ表現

- 宗教色の有無 → presencia o ausencia de matiz [carácter] religioso
- （突然）正月の飾りに道を譲る → dar paso (de golpe) a los adornos de Año Nuevo
- クリスマスイブの過ごし方 → forma de pasar la Nochebuena

¿Cómo que es el día de los enamorados?

恋人たちの日ですって？

Originalmente la Navidad se consideraba como un día para pasarlo en familia o con los amigos. Desde la segunda mitad de los años 80, los jóvenes empezaron a tomarla como algo diferente. Se puso de moda, quizás por el influjo de la economía de la burbuja, cenar los novios en un restaurante de lujo y pasar una noche romántica en algún hotel elegante el día de Navidad. Así es cómo los jóvenes llegaron a creer que la Navidad era un día que debían pasarlo con su pareja.

もともと，クリスマスは家族や友達と過ごす日と考えられていました。1980 年代の後半ぐらいから若者たちの意識が変化しはじめたのです。バブル経済の影響か，クリスマスには，恋人たちが高級レストランで食事し，おしゃれなホテルでロマンチックに過ごすことが流行りだしました。こうして若者たちは，クリスマスは恋人と過ごすべき日と思うようになってしまったのです。

- クリスマスを家族と**過ごす** → **pasar** la Navidad en familia
- バブル経済の影響で → por el influjo [la influencia] **de** la economía de la burbuja
- ロマンチックな夜**を過ごす** → **pasar** una noche romántica

012

12 Día de San Valentín

バレンタインデー

E **Dicen que en Japón el día de San Valentín tiene unas características especiales, ¿verdad?**

日本のバレンタインデーって独特なんですってね？

J En España, el 14 de febrero los novios se hacen regalos mutuamente, ¿no? En Japón existe la costumbre de que las enamoradas se declaren a los chicos regalándoles chocolate. Cuando se acerca ese día las mujeres se agolpan ante los numerosos puestos de chocolate instalados en los establecimientos comerciales de todo Japón. En la televisión también ponen programas especiales presentando los chocolates que tienen popularidad. En la actualidad es un evento nacional, hasta el punto de que se dice que ese es el día del año en el que se consume más chocolate en Japón.

2月14日，スペインでは恋人たちが互いにプレゼントを交換しますよね。日本では，女性が男性に愛を告白してチョコレートを贈る習慣があるのです。この日が近づくと，日本中の商業施設はチョコレートを売るスタンドであふれ，女性客が殺到します。テレビの情報番組でも特集が組まれ，人気のあるチョコレートが紹介されます。バレンタインデーは今や「国民的イベント」で，チョコレート製品が一年で一番消費されるのがこの日なのです。

- （互いに）プレゼント**を交換する** → **hacerse** [intercambiar] regalos (mutuamente)
- 彼に**愛の告白をする** → **declararse** a él [declararle su amor]
- （チョコレート売り場前に）女性たち**が殺到する** → **agolparse** [aglomerarse] las mujeres (ante los puestos de chocolate)

¿Cuándo se introdujo tal costumbre?

いつごろからそんな習慣が生まれたのですか？

Se dice que en la segunda mitad de la década de los 70, las campañas de los fabricantes de dulces, entre otras cosas, dieron origen a que se afianzara la costumbre de regalar chocolate. Después se fue desarrollando con particularidades especiales. Se fue ampliando rápidamente el número de personas a quienes se regala chocolate, no sirviendo sólo para declararse, sino también dándoselo al novio, o al marido, e incluso en los años 80 apareció la costumbre de *guiri-choco* o chocolate por compromiso. Se refiere al chocolate que se regala a los compañeros de trabajo o a los superiores para expresarles el agradecimiento de cada día. Pero, con la prolongación de la recesión económica, parece que va descendiendo poco a poco su popularidad.

1970 年代の後半，製菓業界のキャンペーンなどが原動力になって，チョコレートを贈る習慣が定着したと言われています。その後さらに独自の発展を遂げていきました。チョコレートを贈る相手の範囲がどんどん広がっていったのです。愛を告白する相手にだけでなく，交際中の彼氏に，結婚している夫に，さらに 1980 年代になると「義理チョコ」なる言葉まで生まれました。これは，職場の同僚や上司などに日ごろの感謝の気持ちを込めて贈るチョコレートのことです。しかし，その後不況が続き，義理チョコの人気は衰えつつあるようです。

- この習慣を**もたらす** → **dar origen a** [originar] esta costumbre
- バレンタインの習慣**が定着する** → **afianzarse** [arraigar] la costumbre del día de San Valentín
- （義理で）チョコ**を贈る** → **regalar** chocolate (por compromiso)

Entonces, ¿cuál es la tendencia actual?

じゃあ，最近はどうなっているのですか？

Últimamente se van generalizando el chocolate para la familia (*fa-*

mi-choco), o el chocolate para las amigas (*tomo-choco*). Hay muchas mujeres que regalan chocolate hecho a mano por ellas mismas. Si buscas la palabra *tomo-choco* en Internet te sorprenderás por la abundancia de recetas que hay en dicha categoría. A menudo se oye la crítica de que están siendo manipuladas por una estrategia de marketing, pero, sea como sea, San Valentín no deja de ser un día a tener en cuenta por muchos japoneses.

最近は,「ファミチョコ」や「友チョコ」といって,自分の家族や同性の友達にチョコレートを贈る習慣も一般化しています。手作りのチョコレートをプレゼントする女性も多く,ネットで「友チョコ」と検索すると,そのレシピの数に驚きますよ。マーケティング戦略に踊らされているという批判もよく聞かれますが,日本のバレンタインデーは,多くの日本人にとって気になる日なのです。

- 手作りのチョコレート**を食べる** → **comer** chocolate hecho a mano
- レシピの豊富さ**に驚く** → **sorprenderse por** la abundancia [el gran número] de recetas
- マーケティングの戦略**に操られている** → **ser manipulado/da por** una estrategia de marketing

013

13 Bares típicos japoneses *izakaya*

居酒屋

¿*Izakaya* son parecidos a los bares españoles?

居酒屋ってスペインのバルみたいな場所ですか？

J Son similares en el sentido de que es un lugar donde se puede disfrutar bebiendo y tomando tapas, pero hay varias diferencias. En un bar español no es raro beber de pie, mientras que un bar japonés está concebido como un lugar para beber y comer sentados tranquilamente. La decoración interior es, por lo general, de estilo japonés y se sirven principalmente cerveza, cócteles de diversos tipos y sake japonés. Normalmente se va en grupo, se piden diversas tapas y se disfruta de la bebida compartiéndolas. Sus locales generalmente son amplios, por lo que muchas veces se usan para pequeños banquetes de grupos reducidos. Ofrecen varios tipos de menús para fiestas y normalmente hay una opción de barra libre con un tiempo límite de dos o tres horas.

お酒やおつまみを楽しめる場所という意味では似ていますが，違いもいろいろあります。バルでは立ち飲みすることも珍しくありませんが，居酒屋は，基本的にはゆっくり座ってお酒とおつまみを楽しむ場所です。一般的に店内装飾は和風で，ビールやチューハイ，日本酒を中心に提供しています。通常グループで行き，いろいろなおつまみを注文して，シェアしながらお酒を楽しむというスタイルです。こうした店は比較的広く，しばしば小規模な宴会にも利用されます。数種類の宴会メニューが用意されていて，２～３時間制の飲み放題コースがあるのがふつうです。

- （お酒やつまみを食べて）**楽しむ** → **disfrutar** [divertirse] (bebiendo y tomando tapas)
- （立って）**飲む** → **beber** (de pie)
- （座って）**飲む** → **beber** (sentado/da)
- （主に）ビール**を提供する** → **servir** (principalmente) cerveza
- 飲み放題コース**がある** → **tener** una opción de barra libre

¿Qué tipo de personas van a *izakaya*?

どんな人たちが利用するのですか？

Hasta los años 70 eran clientes habituales los empleados varones de las compañías. Existía la imagen de que se divertían bebiendo cerveza y sake japonés. No obstante, con la aparición de *izakaya* de ambiente más refinado, que ofrecen gran variedad de cócteles y diversos tipos de aguardiente, también las mujeres empezaron a frecuentarlos. En la actualidad está arraigada la imagen de ser un lugar adonde cualquiera puede ir despreocupadamente, desde las familias hasta los estudiantes o grupos de mujeres. A causa del alargamiento de la deflación económica aparecen los *izakaya* baratos donde cualquier cosa que se tome no sobrepasa los 300 yenes, por lo que han ganado una gran popularidad.

1970 年代までは，男性会社員が一般的で，ビールや日本酒を楽しむイメージが強かったと思います。しかし，おしゃれな雰囲気のお店も生まれ，チューハイやカクテルの種類が増えると，女性客にも人気が出てきました。今では女性のみのグループ，学生，家族，だれでも気軽に利用できる場所というイメージが定着しています。デフレ経済が長引くと，全品 300 円以下という格安居酒屋も登場して大人気になりました。

E ¿Tuvo la pandemia de coronavirus algún impacto en la industria de los bares?

コロナ禍は居酒屋業界にも影響を与えましたか?

J Sí, el aumento del número de personas infectadas por el nuevo coronavirus golpeó duramente al sector de la restauración, especialmente al de los bares. Uno de los principales motivos fue la prohibición de servir bebidas alcohólicas en virtud del estado de emergencia declarado. Fue una lástima que el encanto peculiar de los bares donde un grupo numeroso de personas puede reunirse y disfrutar de la bebida y la conversación, se convirtiera en una desventaja por el desastre del coronavirus.

はい,新型コロナウイルスの感染者数増加は,外食業界の中でもとりわけ居酒屋業界に大打撃を与えました。緊急事態宣言で酒類の提供が禁止されたのが大きな理由です。大人数で酒を飲みながら会話を楽しむ居酒屋ならではの魅力が,コロナ禍では裏目に出てしまったのが残念でした。

- 居酒屋の業界**に影響を与える** → **tener impacto en** [afectar a] la industria de los bares
- 感染者の数**が増加する** → **aumentar** el número de personas infectadas
- 緊急事態宣言の結果 → en virtud del [como consecuencia del] estado de emergencia

014

La cultura Akiba

アキバ文化

E **Parece ser que Akihabara también es muy popular entre los turistas extranjeros, ¿verdad?**

秋葉原って外国人観光客にもずいぶん人気があるそうですね？

J Ya desde antes era famoso entre los extranjeros como un macro-barrio de la electrónica. Pero, en la actualidad, es conocido mundialmente como la meca de la cultura pop, como manga, anime (dibujos animados), etc. Allí hay también muchos turistas españoles.

以前から巨大な電気街として外国人にも人気がありました。でも，今では，マンガやアニメなど，日本のポップカルチャーの聖地として世界的に有名になったのです。スペイン人の観光客も少なくありませんよ。

- （外国人観光客**の間で**）**人気がある** → **ser popular** (**entre** los turistas extranjeros)
- （ポップカルチャーの聖地**として**）**知られる** → **ser conocido/da** (**como** la meca [el santuario] de la cultura pop)

E **¿Qué les atraerá tanto?**

何が彼らをそんなに惹きつけるのでしょう？

J Según dicen los turistas extranjeros, se sienten transportados por completo a otra dimensión donde todo les sorprende: la visión impactante de las gigantescas tiendas de productos electrónicos alineadas una al lado de otra, las chicas vestidas de doncella-sirvienta repartiendo hojas de propaganda, los jóvenes disfrazados de personajes que aparecen en los videojuegos o anime, la asombrosa variedad de artículos de las tiendas de figuras de anime, etc. Las excursiones de turistas extranjeros para disfrutar del ambiente exótico de Akihabara tienen también mucho éxito. La visita a los *maid cafe* es, por supuesto, obligada.

外国人観光客の感想を聞くと，異次元空間に踏み込んだようで，すべてが驚きの連続なのだそうです。巨大な電気店が連立する不思議な街並み，メイド姿の女の子たちのビラ配り，アニメやゲームの登場人物になりきった若者たち，フィギュアショップの驚異的な品揃えなど。そうしたディープな秋葉原を楽しむための外国人観光客のツアーも人気です。もちろんメイドカフェ体験も定番になっているそうです。

- 巨大店舗が並ぶのを**見るのは衝撃的だ** → **ser impactante ver** gigantescas tiendas alineadas [en línea]
- （宣伝の）ビラを**配る** → **repartir** [distribuir] hojas (de propaganda)
- 秋葉原の異国情緒を**楽しむ** → **disfrutar del** [saborear el] ambiente exótico de Akihabara

¿*Maid cafe*?

メイドカフェ？

J Es una cafetería donde sirven jovencitas vestidas de doncella-sirvienta al estilo occidental. Se dice que copiaron la indumentaria de los personajes de anime o de videojuegos. Es muy conocido que reciben al cliente diciéndole “Bienvenido de nuevo a casa, mi amo”. Algunos locales idean diversas actividades para entretener al cliente. En Akihabara hay multitud de *maid cafe*.

西洋風のメイドの衣装を着た少女たちが接客する喫茶店のことです。彼女たちの衣装は，アニメやゲームのキャラクターが元になっているとも言われています。「お帰りなさいませ，ご主人様」の挨拶で，客を迎えることで知られているのです。客を楽しませるために各種イベントを行う店もあり，秋葉原にはこういったメイドカフェが無数にあるのです。

日本紹介に役立つ表現

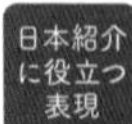

- （メイド衣装の）少女たち → jovencitas (vestidas de doncella-sirvienta)
- （さまざまな）イベントを企画する → idear [preparar] (diversas) actividades
- 客を楽しませる → entretener [divertir] a los clientes

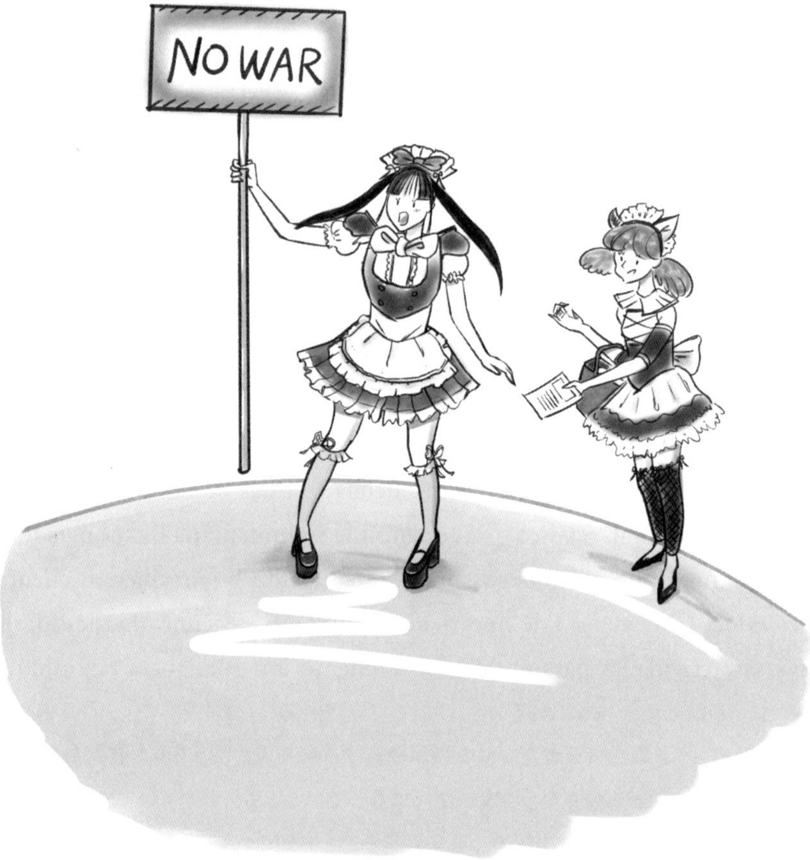

015

15 *Goukon*, fiesta de solteros

合コン

E **Parece que a los jóvenes japoneses les gusta *goukon*, pero, ¿qué es eso?**

日本人の若者は合コンが好きだそうですが，どんなものなのですか？

J Es un tipo de fiesta en la que participan chicos y chicas con objeto de hacer nuevas amistades. Se necesitan dos organizadores, un chico y una chica. Cada uno de ellos lleva a varios amigos de su mismo sexo. Si tienen menos de 30 años disfrutan del nuevo encuentro y la comunicación. Si pasan de los 30 probablemente aumente el número de quienes participan con el objetivo de encontrar una pareja para casarse. Suelen tener lugar en los *izakaya*, bares típicos de Japón. Empezó a difundirse a partir de la segunda mitad de los años 70 y ya se ha arraigado como una ocasión de encuentro de chicos y chicas en la sociedad japonesa.

若い男女が参加するパーティの一種です。目的は，男女が知り合うためのものです。中心となる男性と女性が，それぞれの同性の友人数人に声をかけて行います。20 代の場合は，男女の新しい出会いと交流を楽しみ，30 代の場合だと，結婚相手を意識して参加する人も増えてくるようです。場所は居酒屋で行われることが多く，1970 年代の後半ぐらいから流行りだし，現在では男女の出会いの場としてかなり定着しています。

- 新しい友達**を作る** → **hacer** nuevas amistades [nuevos amigos]
- （同性の）友人たち**を連れて行く** → **llevar a** amigos/gas (de su mismo sexo)
- 結婚するための相手**に出会う** → **encontrar** una pareja para casarse

Me parece que en España no hay tales fiestas...

スペインにはそういうパーティってないと思うけれど…。

J Creo que los japoneses no tienen muchas oportunidades de hacer nuevas amistades. Son pocos los que hablan espontáneamente con los desconocidos. En el caso de las fiestas en su propia casa sólo suelen invitar a sus amigos, por lo cual no hay expectativas de tener nuevos encuentros. Como los españoles, por lo general, son más abiertos que nosotros, tienen más facilidad para hablar con cualquiera y hacer amigos en las fiestas. Esa será la causa de que no haya *goukon*.

日本人って，出会いの場が少ないのだと思います。知らない人に平気で話しかける日本人はあまりいません。ホームパーティでも知り合いしか呼ばないことが多いので，新しい出会いは期待できないのです。スペイン人は，私たち日本人よりオープンな人が多いから，だれとでも話せて，パーティでも友達ができます。だから「合コン」なんて必要ないのでは。

- 見知らぬ人と（自然に）会話する → **hablar** (espontáneamente [con naturalidad]) **con** los desconocidos
- 新しい出会いがある → **tener** nuevos encuentros
- （だれとでも）話せる才能がある → **tener facilidad para** hablar (**con** cualquiera)

¿Por qué tienen tanta aceptación en Japón?

日本で，合コンがこんなに受け入れられているのはなぜでしょう？

J Seguramente porque se resisten a tener una cita con un desconocido a solas, pero, habiendo varias personas y teniendo a algún amigo cerca se sentirán más tranquilos. Asimismo, el objetivo ambiguo de *goukon* facilita que puedan asistir despreocupadamente tanto los que buscan una relación más seria como los que no, puesto que hay personas que no quieren que se descubra que sienten una necesidad apremiante de encontrar pareja.

一対一だと抵抗があっても，複数で，かつ近くに友人もいると安心感があるのでしょう。また真剣に出会いを求めている人でも，そうでない人も，気軽に参加できる合コンの曖昧さもいいのかもしれません。切実に恋人が欲しいと思っていても，人にはあまり知られたくないという心理もあるでしょうから。

- 安心**する** → **sentirse** tranquilo/la
- 真剣な出会い［関係］**を求める** → **buscar** una relación seria
- 恋人**を見つける** → **encontrar** pareja

016

16 Ceremonia de boda

結婚式

Las bodas de Japón, ¿son diferentes de las de España?

日本の結婚式って，スペインの結婚式とは違うのですか？

En Japón también se celebran la ceremonia y el banquete. En España, generalmente la ceremonia se celebra en la iglesia y el banquete en un lugar aparte a diferencia de Japón, donde es normal hacer las dos cosas en el mismo recinto, siendo casi siempre un gran hotel o un salón especializado en bodas. En cuanto a la ceremonia, solía ser, o bien en la iglesia llevando un vestido blanco la novia, o por medio de una ceremonia sintoísta poniéndose kimono. Sin embargo, últimamente se ha popularizado también un nuevo estilo de boda más libre, una especie de boda civil, donde los novios pronuncian sus votos ante todos los invitados en un ambiente más informal.

日本でも結婚式は，式と披露宴に分かれています。スペインの場合，結婚式は教会で行い，披露宴は別の会場を利用するケースが多いのですが，日本では，結婚式と披露宴を同じ敷地内で行うのが一般的です。通常，大きなホテルか専門の結婚式場が使われます。結婚式は，伝統的に花嫁がウェディングドレスを着る教会式か，着物を着る神前式のどちらかが一般的でした。しかし，最近は，あまり形式にとらわれないで，カップルがゲスト全員に対して結婚を誓う「人前式」と呼ばれる新しいスタイルも人気になっています。

- 教会で式**を行う** → **celebrar** la ceremonia en la iglesia
- 新しいスタイルの結婚式**が人気を博す** → **popularizarse** [ganar popularidad] un nuevo estilo de boda
- 誓いの言葉**を述べる** → **pronunciar** sus votos

E ¿Cuál es el estilo de boda más popular?

どのスタイルが一番人気なのですか?

J Aunque antes predominaba la ceremonia sintoísta, a partir de la segunda mitad de los 80 la mayoría elige la ceremonia por la iglesia. De hecho, muchos japoneses desean casarse por el rito cristiano aunque no sean creyentes. Esto es porque el sueño de las chicas de lucir el vestido occidental de novia en la iglesia está todavía muy enraizado en la sociedad japonesa. Aun así el estilo más reciente de tipo boda civil está ganando terreno. Además, muchas personas optaron por celebrar su boda en línea durante la época de la pandemia del coronavirus.

昔は神前式が多かったのですが，80 年代後半からは教会式が主流になったようです。実は，日本人は，信仰とは無関係に，キリスト教徒を模した挙式を望む人が多いのです。教会で着るウェディングドレスに対する憧れには根強いものがあるからです。一番新しいスタイルである人前式の人気も上昇中です。また，コロナ禍では，オンライン結婚式を選ぶ人も少なくありませんでした。

- 神道儀式が主流である → predominar [prevalecer] la ceremonia sintoísta
- キリスト教儀式で結婚する → casarse por el rito cristiano [la ceremonia cristiana]
- ウエディングドレスで輝く → lucir [estar reluciente con] el vestido de novia
- 増えてきている → estar ganando terreno [aumentando]

E ¿En Japón, ¿cuánto hay que pagar por la celebración de una boda?

日本では，結婚式ってどのくらい費用がかかりますか?

J Entre tres y tres millones y medio de yenes por término medio, presuponiendo que haya unos 70 u 80 invitados al banquete. No obstante, los novios no pagan la totalidad de esa cantidad. Los invitados les dan dinero y, si los padres también les ayudan, viene a ser un millón de yenes más o menos la parte que ellos ponen, según indican los datos. De cualquier modo, no deja de ser una suma importante. A decir verdad, estos últimos años a causa de la larga recesión económica se ha reducido drásticamente el número de parejas que hacen ceremonia de boda.

平均 300 ～ 350 万円くらいだそうです。披露宴の招待客の人数は 70 人か 80 人くらいが想定されています。しかし，2 人がこの金額全部を払うのではありません。招待客のご祝儀があり，また，ご両親の援助があった場合，実際に 2 人が負担するのは平均 100 万円程度というデータもあります。どちらにしても大きな負担です。実は，近年，長い不況の影響で，結婚式を挙げるカップルが激減しているのです。

- 平均で → por término medio
- （経済）不況のために → a causa de [debido a] la recesión (económica)

17 Alergia al polen

花粉症

E Tengo entendido que en Japón, incluso antes de la catástrofe de coronavirus, era costumbre llevar mascarilla en primavera, ¿no?

日本では，コロナ禍の前から春になるとマスクをする習慣があったそうですね？

J Creo que en la mayoría de los casos es una medida contra el polen. En Japón cada vez hay más gente que sufre de picazón de ojos, mucosidad y estornudos a causa de la alergia al polen. Por cierto, en España casi nadie andaba con mascarilla antes de la pandemia de coronavirus, ¿verdad? A los japoneses nunca les ha importado llevar mascarilla. De hecho, en cuanto se sienten resfriados se la ponen.

大部分は，花粉症対策だと思います。花粉症で，日本では目のかゆみ，鼻水，くしゃみに悩む人がどんどん増えているのです。そういえば，スペインでは，コロナ禍の前はだれもマスクをして道を歩く人はいませんでしたよね。日本人は昔からマスクには抵抗がないのです。風邪かと思えばすぐマスクをします。

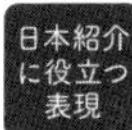

- （春に）マスクをする → **llevar** mascarilla (en primavera)
- （繰り返し）くしゃみする → **estornudar** (repetidamente)［名詞：estornudo くしゃみ］
- 風邪をひいたと感じる → **sentirse** resfriado/da［acatarrado/da］

E **En España también hay alergia al polen, pero me parece que menos que en Japón.**

花粉症はスペインにもありますが，日本のほうが多そうですね。

J Según algunas estadísticas, cerca de la mitad de los japoneses dicen que tienen síntomas de alergia al polen. Parece ser que esto se ha convertido en un problema social a partir de la segunda mitad de los años 70 aproximadamente. Ahora ya todos los años, al llegar la primavera, junto con la previsión meteorológica se da también el pronóstico del polen. En la actualidad, el sector industrial relacionado con la alergia al polen constituye un gran mercado y cada año en la época del polen las secciones de productos para protegerse de él en los grandes supermercados o centros de artículos para el hogar se llenan de clientes.

アンケートによっては，日本人の半数近くが花粉症の自覚症状があると答えています。1970 年代の後半ぐらいから社会問題化したようです。毎年，春になると，天気予報と一緒に花粉予報も放送されるようになりました。今では，花粉症関連産業が大きな市場になり，大型スーパーやホームセンターなどの花粉症対策グッズコーナーは，毎年，シーズンになると客であふれます。

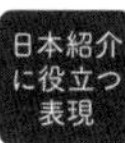

- 花粉症の症状がある → tener síntomas de alergia al polen
- 春が来る → llegar la primavera［参考：venir は使わない］
- 花粉の予想を行う → dar el pronóstico del polen

E **¿Por qué habrá aumentado tanto la alergia al polen en Japón?**

どうして日本ではそんなに花粉症が増えてしまったのでしょう?

J En realidad, en Japón el tipo de alergia al polen más abundante es la originada por el cedro japonés. Por causa de la segunda Guerra Mundial y la reconstrucción del país, en la posguerra se perdieron muchos bosques, por lo que se plantaron gran cantidad de cedros. Cuando crecieron, alrededor de 1970, empezó a esparcirse el polen de una vez, lo cual trajo consigo un gran aumento de pacientes afectados de alergia al polen de cedro. No obstante, se dice que este aumento anual se debe también en parte al cambio de la constitución física de los japoneses.

実は日本では，スギ花粉が原因の花粉症が一番多いのです。第二次世界大戦と戦後の復興のため，たくさんの森林が失われました。だから，大量の杉が植えられたのです。それが育った1970年ごろから花粉が一度に多く飛ぶようになり，スギ花粉症患者が急増したのです。でも，年々増え続けているのは日本人の体質の変化にも原因があるとも言われています。

- （大量の）スギ**を植える** → **plantar** (gran cantidad de) cedros
- （一度に）花粉**が飛び散る** → **esparcirse** [extenderse] el polen (de una vez)
- 患者数の急増**をもたらす** → **traer consigo** [causar] un gran aumento de pacientes

18 Baño

お風呂

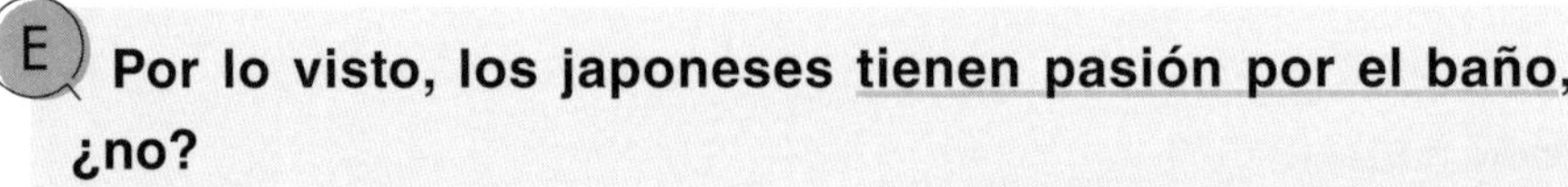

E **Por lo visto, los japoneses tienen pasión por el baño, ¿no?**

日本人はずいぶんお風呂好きだそうですね？

J Para los españoles el baño no es más que un lugar para lavarse el cuerpo, ¿verdad? Casi nadie se baña, sólo se duchan. Sin embargo, para la mayoría de los japoneses, el baño no es para limpiarse el cuerpo meramente, sino para relajarse metiéndose en la bañera llena de agua caliente sin prisas. En Japón, dicho sea de paso, uno no se lava dentro de la bañera. Eso lo hace fuera de ella antes de meterse para descansar dentro tranquilamente.

スペイン人にとって，お風呂は単に身体を洗う場所ですよね。シャワーだけで，バスタブを使う人はほとんどいません。しかし，多くの日本人にとって，お風呂は身体を清潔にするだけでなく，湯船でゆっくりお湯につかり，リラックスする場所なのです。ちなみに，日本では，湯船の中で身体は洗いません。湯船の外側が洗い場になっていて，そこで身体を洗った後，ゆっくりお湯につかり，身体を休めるのです。

- お風呂**が大好きだ** → **tener pasión por** el baño
- （湯船で）**リラックスする** → **relajarse** (en la bañera)［反義：estresarse ストレスが溜まる］
- （湯船の外で）**体を洗う** → **lavarse el cuerpo** (fuera de la bañera)

E **Ciertamente ha aumentado el número de hoteles españoles que, aun teniendo 4 estrellas, instalan sólo una ducha sin bañera. Los japoneses, ¿pueden relajarse tanto tomando un baño?**

確かに，スペインでは４つ星ホテルでさえシャワーだけでバスタブをつくらないところが増えてきました。日本人は，お風呂でそんなにリラックスできるのですか？

J Sí. Especialmente es un gran placer calentarse el cuerpo en la bañera, sobre todo en invierno. En los supermercados hay una sección dedicada a los artículos de baño, sales de baño, etc. Eso será debido a la gran cantidad de gente que busca alivio en el baño. Unos, mientras disfrutan de algún aroma, escuchan música o leen libros en la bañera, mientras que para otros es un lugar de comunicación entre padres e hijos.

はい。特に冬，湯船で温まるのは本当に気持ちがいいものです。スーパーには，お風呂グッズや入浴剤のコーナーがありますが，それだけお風呂に癒しを求める人が多いからでしょうね。アロマの香りを楽しみながら，湯船で音楽を聴き，本を読む人だっているのですよ。それから，お風呂は親子のコミュニケーションの場でもあるのです。

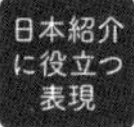

- （湯船で）**体を温める** → **calentarse el cuerpo** (en la bañera)
- （風呂**に**）安らぎ**を求める** → **buscar** alivio [descanso] (**en** el baño)
- （親子**間の**）交流の場**だ** → **ser** un lugar de comunicación (**entre** padres e hijos)

E **¡Qué dices! En Japón, ¿se bañan juntos los padres y los hijos? Eso es increíble en España. ¿Hasta qué edad lo hacen?**

えっ！　日本では親子でお風呂に入るのですか？　スペインでは考えられません。何歳ぐらいまで一緒に入るのですか？

J Hasta la edad en que los hijos sienten vergüenza de bañarse juntos. Aunque no se pueda generalizar, en el caso de las niñas no es raro que se bañen con su padre hasta el segundo año de la escuela primaria más o menos, o sea, hasta los ocho años. En un país como Japón, donde se suele trabajar hasta muy tarde y es frecuente que el padre no vuelva a casa para cenar, se piensa que es muy bueno que padres e hijos puedan tener este tiempo de comunicación.

子どもが親と入るのを恥ずかしがる年ごろまででしょうか。家庭によってさまざまですが，女の子が小学校２年生（８歳）ぐらいまでは，お父さんとお風呂に入っていたというケースも珍しくないようです。日本は労働時間が長く，夕食時にお父さんがいない家庭も多く，入浴時に親子で交流できることはよいことだと考えられているのです。

- （一緒に）お風呂に入ることを**恥ずかしく感じる** → **sentir vergüenza de** bañarse (juntos/tas)
- ～することが**よくある** → **ser** frecuente **que** ＋**接続法**

19 Manga (historietas de origen japonés)

マンガ

En Japón incluso los adultos van leyendo manga en el tren, ¿verdad?

日本では電車の中で大人までマンガを読んでいるのですね?

J Se dice que los extranjeros se sorprenden sobremanera al ver que en el tren muchos van leyendo manga e incluso algunos de ellos son empleados de una compañía con traje. En Japón, el manga es popular en todo el país, encontrándose gran variedad de obras dirigidas a gente de todas las edades, desde niños hasta chicos, chicas, jóvenes y adultos.

電車内で，たくさんの人がマンガを読んでいて，中にはスーツ姿のサラリーマンまでいることに，外国人はとても驚くと言います。日本のマンガは幼児から，少年，少女，若者，大人まで，幅広い年齢層をターゲットとしたさまざまな作品があり，国民的に人気があるのです。

日本紹介に役立つ表現

- (あらゆる年齢の) 人々を対象としている → **ir dirigido/da a** la gente (de todas las edades)

E **¿A qué se debe que haya alcanzado tal popularidad?**

どうしてそんなに人気が高まったのでしょう?

J Pienso que se debe a que el manga japonés se desarrolló rápidamente alcanzando un nivel de sofisticación muy alto. El precursor Osamu Tezuka fue quien hizo posible el actual boom de manga japonés. Se dice que revolucionó el mundo del manga en la década de los 50 introduciendo técnicas cinematográficas y el desarrollo de la historia. Después, influidos por él, surgieron muchos autores con talento. La publicación de muchas revistas de manga contribuyó al auge actual.

日本のマンガのレベルがどんどん高まってきたからだと思います。現在の日本マンガブームのきっかけを作ったのは，手塚治虫という先駆者です。1950 年代，映画的な技法とストーリー展開を取り入れ，マンガに革命をもたらしたと言われています。その後，彼に影響を受けた多くの才能ある漫画家が生まれました。たくさんのマンガ雑誌が発行され，今日の隆盛につながったのです。

- 洗練されたレベル**に達する** → **alcanzar** un nivel de sofisticación
- （映画の）技術**を取り入れる** → **introducir** técnicas (cinematográficas)
- 現在のブーム**に貢献する** → **contribuir al** auge [boom] actual

E ¿En Japón los adultos leían ya manga desde hace mucho tiempo?

日本ではマンガは昔から大人も読んでいたのですか？

J Sería aproximadamente en la segunda mitad de los años 70 cuando cambió el reconocimiento de la sociedad hacia el manga. Antes muchos adultos consideraban que era un mero pasatiempo de niños. Sin embargo, a medida que aumentaban las obras de alta calidad, se extendió la idea de que es una forma de expresión equivalente a la literatura o al cine, etc. Desde la segunda mitad de los años 80, el manga y el anime (animación japonesa) vienen siendo altamente apreciados internacionalmente, creándose incluso cursos para investigar sobre los manga en las universidades de Europa y EE.UU. donde se investiga la cultura japonesa.

マンガに対する世間の認識が変わってきたのは，1970 年代の後半ぐらいからでしょうか。以前は，子どもの暇つぶしと思っている大人も少なくありませんでした。しかし，質の高い作品が増えるに従って，マンガは文学，映画などに匹敵する表現形態だという意識が広がってきました。1980 年代の後半から，日本のマンガやアニメは国際的にも高く評価されるようになり，欧米での日本文化を研究する大学でも，マンガを研究対象とした講座まで開講されるようになりました。

- （子どもの）遊び［暇つぶし］**である** → **ser** un pasatiempo [entretenimiento] (de niños)
- （国際的に）**評価されている** → **ser apreciado/da** (internacionalmente)
- 日本文化**を研究する** → **investigar** la cultura japonesa

020

20 Vacaciones remuneradas

有給休暇

E ¿Es cierto que en Japón se va al trabajo aunque se tenga fiebre por un resfriado?

日本では風邪で熱があっても職場に行くというのは本当ですか？

J En algunas empresas grandes se considera como ausencia por enfermedad, pero lo cierto es que en muchos trabajos resulta difícil tomarse un descanso. Al parecer el sentimiento de no causar molestias a los compañeros es muy fuerte. No obstante, a veces se toman vacaciones pagadas en caso de que se trate de un fuerte resfriado.

大手企業ならば病欠扱いになるところもありますが，多くの職場では休みにくいのが現実です。同僚に迷惑をかけたくないという気持ちも強いようです。ただし，風邪がひどい場合は，有給休暇を取ることはありますよ。

- （病気で）**欠席する** → **ausentarse** (por enfermedad) ［名詞：ausencia 欠席］
- **同僚に迷惑をかける** → **causar molestias** ［molestar］ **a** los compañeros
- （有給の）**休暇をとる** → **tomar vacaciones** (pagadas ［remuneradas］)

E ¿No es una pena tener que usar las vacaciones remuneradas cuando uno está enfermo?

病気で有給休暇を使うなんて，もったいなくありませんか？

J Lamentablemente, en Japón, a pesar de que las vacaciones pagadas son más cortas, no se aprovechan lo suficiente. Generalmente los trabajadores tienen derecho a unos 20 días de vacaciones remuneradas, pero dicen que sólo se toman la mitad de ese período por término medio. En comparación, en España hay 30 días de vacaciones con sueldo, los cuales se utilizan prácticamente en su totalidad, ¿verdad? Una diferencia como la del cielo y la tierra.

残念ながら日本の有給休暇はとても短い上に，十分に利用もされていません。一般的には有給休暇は 20 日程度ありますが，実際に人々が取得した平均日数はその半分ほどと言われます。これに対して，スペインは有給休暇が 30 日ですよね。消化率だって 100%近いのではないでしょうか。まるで天と地の差ですね。

● (有給の) 休暇の**権利がある** → **tener derecho a** vacaciones (con sueldo [remuneradas])

E Que haya sólo 20 días de vacaciones con sueldo ya es sorprendente, pero es aún más incomprensible que cerca de la mitad no sean usados. ¿Por qué?

有給休暇が 20 日程度というのも驚きですが，それが半分ぐらいしか使われていないというのはもっと納得できません。なぜですか？

J La respuesta varía depende de la persona. Según una encuesta, "porque los superiores no facilitan el disfrute de las vacaciones remuneradas", "el disfrute de las vacaciones con sueldo causa molestias alrededor", "apurar el 100% de las vacaciones repercutiría de forma negativa en los aumentos de sueldo y en el ascenso", etc. fueron respuestas numerosas. Cuando los compañeros de trabajo no se han tomado nada más que un 45% de sus vacaciones remuneradas es muy difícil pedirse el 100% sólo para uno. En este punto también se puede entrever la característica de los japoneses de preocuparse constantemente por los demás. Verdaderamente tengo envidia de los españoles que pueden disfrutar todos los años de unas largas vacaciones.

答えは人によって違います。あるアンケートによると「上司が有給休暇の取得に協力的でないから」,「有給休暇を取ると周りに迷惑がかかる」,「有給休暇を 100%消化していると，昇給や昇進に響きそう」などの答えが多かったようです。同僚たちが 45%の消化率のときに，自分だけが 100%にしてほしいとはなかなか言えないのでしょう。こんなところにも，絶えず周囲に気を遣う日本人の国民性が見えてきます。毎年，長い休暇を楽しめるスペイン人が本当にうらやましいです。

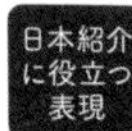

- (人によって) **異なる** → **variar** [cambiar] (depende de la persona)
- 昇進に (悪く) **影響を及ぼす** → **repercutir** (de forma negativa [negativamente]) **en** el ascenso
- 日本人の特性**を垣間見る** → **entrever** las características de los japoneses

21 Karaoke

カラオケ

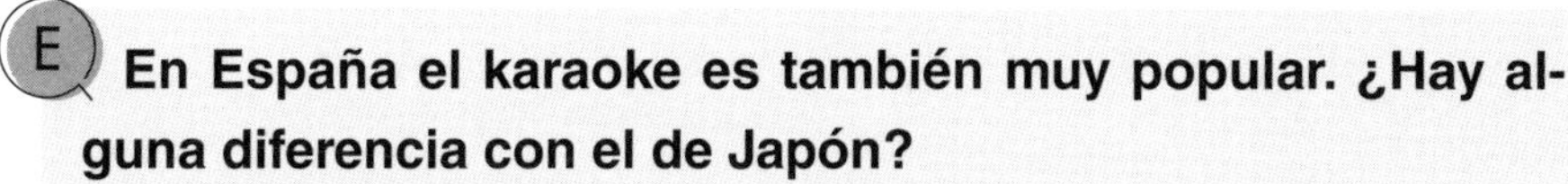

E **En España el karaoke es también muy popular. ¿Hay alguna diferencia con el de Japón?**

スペインでもカラオケは人気です。日本と違いはありますか?

J El karaoke es otro de los inventos japoneses que ha tenido éxito en el mundo. Sin embargo, el karaoke japonés tiene algunas características peculiares. Por ejemplo, en el caso de España los karaokes están dentro de un local tipo pub, por lo que se oyen las canciones de otros clientes también. Este es el estilo predominante en los otros países, pero en Japón, por lo general, son cuartos independientes llamados *karaoke box* (caja de karaoke). De este modo se puede disfrutar a gusto de un momento de privacidad con los amigos sin preocuparse de los demás.

カラオケも日本生まれで，世界中でヒットしたものの一つです。しかし，日本のカラオケには独特の特徴もあります。たとえば，スペインのカラオケはスナックのような飲食店にあり，他の客たちの歌も聞こえたりします。日本以外のカラオケはこのタイプが主流です。でも，日本では，「カラオケボックス」という個室タイプが一般的です。だから，だれにも気兼ねすることなく友人たちとプライベートな時間を過ごせるのです。

- プライベートな一時を（気持ちよく）**楽しむ** → **disfrutar** (a gusto) **de** un momento de privacidad
- 人を気にしないで**歌う** → **cantar** sin preocuparse de los demás

¿Qué tipo de personas frecuentan el karaoke?

どんな人たちがカラオケを利用するのですか?

J Es una diversión generalizada también entre los jóvenes, siendo bastante alto el número de estudiantes que quedan con los amigos para ir los fines de semana. Por otra parte, tanto estos como los empleados de compañías lo frecuentan al terminar una fiesta.

若者の娯楽としても一般化していて，週末，誘い合わせてカラオケに行く学生も少なくありません。また，学生やサラリーマンの飲み会の二次会の会場としてもよく利用されています。

●カラオケに通う → frecuentar el [ir con frecuencia al] karaoke

¿Qué hacen en el karaoke?

どんなふうにカラオケを楽しむのですか?

J Los extranjeros, cuando se trata de una canción que conocen, se agrupan alrededor del micrófono y animan el ambiente cantando en voz alta o bailando. Todos disfrutan, canten bien o no. En el caso de los japoneses, sólo tienen el micrófono a la vez una o dos personas y el orden de cantar está más o menos determinado. Cuando alguien está cantando los demás escuchan sentados y a veces llevan el ritmo dando palmas. Hay mucha gente que canta bastante bien debido a que están familiarizados con el karaoke desde que eran niños. Parece que a los extranjeros les sorprende ver el cambio de algunos japoneses que se ponen nerviosos al hablar en público, pero se lucen como si fueran cantantes profesionales en el karaoke.

外国人は，自分が知っている歌ならみんなマイクに群がって，大声で歌ったり，踊ったりして盛り上がりますよね。上手下手は関係なくみんなで楽しみます。日本人の場合は，何となく歌う順番が決まっていて，マイクを持つ人も１人か２人。だれかが歌っているときは，みんな座ってその歌を聴き，場合によっては手拍子をしたりします。子どものころからカラオケに慣れ親しんでいる人が多く，かなり上手に歌う人も少なくありません。人前で発言するときは緊張するのに，カラオケでは歌手のように堂々としている日本人を見て，驚く外国人もいるようです。

- マイクの周りに**集まる** → **agruparse** [reunirse] alrededor del micrófono
- （大声で）歌って**場を盛り上げる** → **animar el ambiente** cantando (en voz alta)
- （手を叩いて）**リズムをとる** → **llevar el ritmo** (dando [palmas]) [参考：palma 手のひら，palmas 手拍子]
- カラオケ**に慣れる** → **familiarizarse con** el [acostumbrarse al] karaoke

第2章

日本の伝統

Tradición

22 Concept religioso de los japoneses

日本人の宗教観

¿En qué religión creen los japoneses?

日本人はどんな宗教を信じているのですか?

J Las dos religiones principales de Japón son el sintoísmo y el budismo. El sintoísmo existe en Japón desde la antigüedad. El budismo se originó en La India y llegó a Japón desde China en el siglo VI a través de Corea. Estas dos religiones, aunque parezca una contradicción, coexisten en Japón. A pesar de todo, en el Japón actual, no son tantos los practicantes devotos de estas religiones. Probablemente muchos las consideran simplemente como una costumbre tradicional heredada de sus antepasados.

日本の二大宗教は神道と仏教です。神道は日本古来の宗教で，仏教はインドで生まれ，６世紀に中国から朝鮮を経て日本に伝えられました。この２つの宗教は，日本では矛盾することなく共存しています。しかし，現代の日本では，神道や仏教を積極的に信仰している人はそれほど多くありません。単に先祖代々伝わっている伝統的な習慣として意識している人が多そうです。

日本紹介に役立つ表現

- 【宗教等が】インドで生まれる → originarse [nacer] en La India
- 矛盾しているように思われる → parecer una contradicción
- 祖先からの習慣を受け継ぐ → heredar [recibir] las costumbres de los antepasados

¿Qué ceremonias religiosas hay?

どんな宗教行事があるのですか?

Cuando nace un niño lo llevan al templo sintoísta. Es esta una ceremonia sintoísta para rogar por la buena salud y el crecimiento del niño. Encuanto a la ceremonia de boda, aunque se celebra muchas veces por el rito cristiano, es muy normal celebrarla por el rito sintoísta también. En cambio, el funeral suele ser por el rito budista. Para muchos no tiene sentido religioso, participan en estos ritos como si fuera una simple ceremonia tradicional.

子どもが生まれると，お宮参りに神社に連れて行きますが，これは子どもの健康や成長を願う神道の行事です。結婚式は，キリスト教式も人気ですが，神前結婚式も普及しています。これに対して，お葬式は仏教式で行うのが一般的です。多くの人々が宗教をあまり意識することなく，単なる伝統行事として参加しているのです。

- 子どもの健康を祈る［願う］→ rogar por [rezar por] la salud de los niños
- 宗教的な意味を持つ → tener sentido religioso

¿En los hogares suele haber algún símbolo religioso?

ふつうの家庭の中には，宗教的なシンボルはありますか？

En los hogares donde dan importancia a la tradición ponen un pequeño altar sintoísta llamado *kamidana*. Otras muchas casas tienen un altar de tipo budista llamado *butsudan*. Es para rezar por las almas de los antepasados. Lo hagan o no con profundo sentido religioso, lo cierto es que tanto el budismo como el sintoísmo están muy arraigados en la vida de los japoneses.

伝統を重んじる家には，「神棚」という家庭用の神道の祭壇があります。また，「仏壇」と呼ばれる仏教式の祭壇のある家も少なくありません。仏壇は先祖の霊を供養するためのものです。信仰心を意識するかどうかは別にしても，神道も仏教も日本人の生活に深く根付いているのです。

- 伝統を重視する → dar importancia a [valorar] la tradición
- 先祖の霊を供養する［ために祈る］→ rezar por las almas de los antepasados
- 生活に根付く → arraigarse en la vida［参考：raíz 草木などの根］

023

23 Sintoísmo

神　道

¿Qué tipo de religión es la sintoísta?

神道とはどんな宗教ですか?

J Es la religión japonesa de muy larga tradición. No tiene un fundador como el budismo o el cristianismo por remontarse a los cultos de los fenómenos naturales de la edad antigua. Tampoco hay un dogma unificado. Es politeísta: no creen en un dios absoluto, sino en varios. En el sintoísmo se piensa que las deidades habitan en cualquier lugar de la naturaleza como, por ejemplo, en el agua, en los árboles o en las rocas. La religión sintoísta está mezclada en las diversas costumbres tradicionales japonesas con tanta naturalidad que la gente participa en muchos actos sin tener conciencia de que son ceremonias religiosas. Un ejemplo de esto son las fiestas que se realizan en los templos sintoístas y en las que participan desde los niños hasta los ancianos, pero casi nadie piensa de ellas que son un rito religioso.

日本古来の宗教です。古代の自然現象に対する崇拝から生まれたためキリスト教や仏教のような開祖はいません。また，統一的な教義もありません。唯一絶対神を信仰するのではなく，多数の神々を信仰する多神教です。神道では，水や木や岩などの大自然のあらゆる場所に神が宿ると考えられています。神道は日本人のさまざまな伝統習慣に自然に溶け込んでいて，人々は宗教儀式だという意識もなく，いろいろな行事に参加しています。たとえばお祭りがあります。これは神社で行われ，子どもから老人まで参加しますが，現代では宗教行事だと意識する人はほとんどいません。

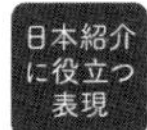

- （古代の）自然への崇拝**を起源とする** → **remontarse al** [tener su origen en el] (antiguo) culto a la naturaleza
- さまざまな神**を信仰する** [を信じる] → **creer en** varios dioses
- 宗教儀式**だと意識しない** → **no tener conciencia de que** son ceremonias religiosas

E ¿Qué parte de las fiestas tiene que ver con el rito sintoísta?

日本のお祭りのどこが神道の宗教行事なのですか?

J En las fiestas la gente lleva a hombros santuarios portátiles y los pasea por las calles coreando en voz alta gritos de ánimo. Son un vehículo en forma de pequeño santuario para transportar a un ente divino. Las fiestas japonesas tienen su origen en el cultivo del arroz, ya que se celebraban ritos religiosos para pedir a los dioses una buena cosecha y para agradecerles que se la hubieran concedido.

祭りでは人々は御輿(みこし)を担ぎ，にぎやかなかけ声で町を練り歩きます。この御輿とは神の載る輿のことで，小さな神殿をかたどったものです。日本の祭りは元をたどれば稲作農耕の神様に豊作を祈り，収穫を感謝するための宗教行事でした。

- 神輿 [移動式の神殿] **を担ぐ** → **llevar a hombros** un santuario portátil
- 稲作**を起源とする** → **tener su origen en** el [remontarse al] cultivo del arroz
- （神々**に**）豊作**を祈る** [求める] → **pedir** una buena cosecha (**a** los dioses)

E ¿Cómo son los dioses del sintoísmo?

神道の神ってどのような存在ですか?

J Son como un espíritu sagrado. Además de los diversos espíritus que habitan en la naturaleza, los espíritus de los antepasados también se consideran dioses. A veces, a las personas que en vida hicieron una gran aportación a la sociedad, se les construye un templo sintoísta y se las consagra como dioses. Hay que tener en cuenta que los dioses sintoístas no constituyen una existencia absoluta y todopoderosa como el dios de las religiones monoteístas. Se podría decir que se trata de unos seres sobrenaturales, solemnes y venerables.

神聖な精霊のような存在です。自然の中のいろいろな霊の他には，先祖の霊も神とみなされています。生前，社会的な功績のあった人は死後，神社が建てられ，神として祀(まつ)られることもあります。注意しなければいけないことは，神道の神々は一神教のような万能で絶対的な存在ではないことです。おごそかで，尊い超自然的な存在と考えるとわかりやすいかもしれません。

- 【霊等が】自然に**宿っている** → **habitar** [morar] **en** la naturaleza
- 社会に**貢献する** → **hacer una aportación a** [contribuir a] la sociedad
- 徳川家康を神**として祀る**［神聖なものとする］→ **consagrar a** Tokugawa Ieyasu **como** un dios

24 Santuarios sintoístas

神　社

¿Qué es un santuario sintoísta?

神社って何ですか？

J Es un templo para adorar a los dioses sintoístas. En tiempos remotos se veneraban directamente los lugares sagrados como bosques, rocas, cascadas, montañas, etc. donde se creía que moraban los espíritus de los dioses. El santuario sintoísta se construyó como edificio permanente para adorar a estos dioses.

神道の神々を祀る神殿が神社です。はるか昔は，神の霊が宿るとされた山，滝，岩，森など神聖な場所が直接に信仰の対象となっていました。神社は，これらの神々を祀るための常設の建物として作られたのです。

日本紹介に役立つ表現　●神道の神々を崇拝する → adorar [venerar] a los dioses sintoístas

¿Cómo se puede distinguir un templo sintoísta?

神社ってどうやって見分ければいいのですか？

J Ciertamente resulta difícil distinguir un templo budista de uno sintoísta. Un método fácil es ver si en la entrada hay un *torii*. Si es así se trata de un templo sintoísta. *Torii* es un arco que marca la entrada en el recinto sagrado del templo sintoísta. Los extranjeros que visitan Japón seguramente habrán visto alguna vez el póster del *torii* rojo de Miyajima. Por lo general, al pasar el arco, hay un camino que conduce al pabellón principal consagrado a los dioses. En el camino se encuentra *chozuya*, una pila de agua cubierta por un pequeño tejado, donde los fieles se lavan las manos y se enjuagan la boca. Esto es un rito religioso para purificarse. En el sintoísmo el hecho de purificar el cuerpo tiene un significado muy importante.

確かに，仏教のお寺と神社を区別するのは簡単ではなさそうです。わかりやすい方法として，入り口に鳥居があれば，それは神社です。鳥居とは神道の聖域に入るための門で，日本を訪れる外国人なら宮島の赤い鳥居のポスターを一度は見たことがあるでしょう。一般に，鳥居を入ると，神が祀られている社殿まで参道が通じています。その途中には「手水舎（ちょうずや）」と呼ばれる小さな屋根で覆われた水槽があり，ここで参拝者は手を洗い，口をすすぐのです。これは身を清めるための宗教儀式です。神道では，身を清める行為がとても重要な意味を持っています。

- 仏教の寺を**見分ける** → **distinguir** [diferenciar] un templo budista
- 神聖な場所**に入る** → **entrar en** un recinto sagrado [参考：recinto 柵等で囲まれた土地]
- 【道などが】中心的な建物**に通じる** → **conducir al** [llevar al] pabellón principal
- **口をすすぐ** → **enjuagarse** [limpiarse] la boca
- （身を清める）儀式**だ** → **ser** un rito (para purificarse)

E ¿Qué sentido tiene?

どんな意味があるのですか？

Lo opuesto al estado ideal sintoísta es la "impureza", es decir, un estado de suciedad. Así, por ejemplo, la muerte también se considera como "impureza". Por consiguiente, en el sintoísmo, antes de presentarse delante de los dioses se exige la purificación del cuerpo y del alma. Así, pues, las personas dedicadas al servicio de los dioses limpian su cuerpo con agua y deben mantenerse limpias constantemente. Tal cosa se ve reflejada en diversas tradiciones japonesas, como la de echar agua sobre el cuerpo en las fiestas, purificar el cuerpo poniéndose bajo una cascada, meterse en las frías aguas del mar el uno de enero para rogar por la buena salud a lo largo del año y otros muchos ejemplos.

神道的な理想の状態の対極にあるのが「穢(けが)れ」，つまり，不潔な状態です。たとえば，死も「穢れ」です。そこで，神道では神に向き合う前には心身を清めることが強く求められています。だから，神に仕える者は水などで身を清めて，絶えず清潔にしている必要があるのです。このことはさまざまな日本の伝統にも残っています。たとえば，祭りで体に水をかける行為，滝に当たって身を清める行為，元旦に冷たい海に入って一年間の無病息災を願う行為など，たくさんの例を挙げることができます。

025

Sumo

相　撲

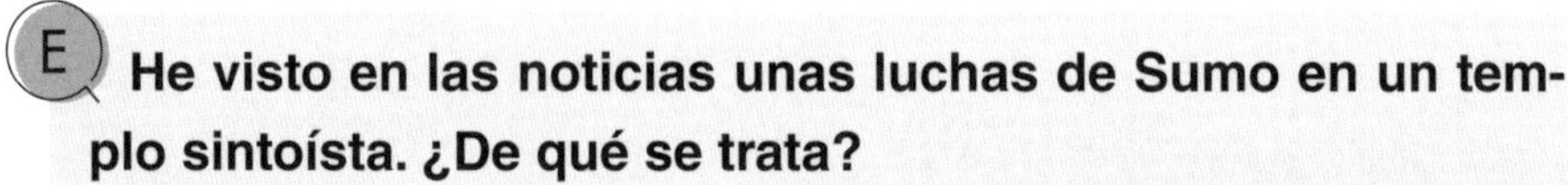

E **He visto en las noticias unas luchas de Sumo en un templo sintoísta. ¿De qué se trata?**

ニュースで，神社で相撲をとっているのを見たことがあるのですが，あれは何ですか？

J A este Sumo se le llama “Sumo de ofrenda”. En algunos templos sintoístas de Japón lo llevan a cabo los lugareños. Es un acto de acción de gracias a los dioses y el del Santuario de Ise es un famoso acontecimiento anual realizado por verdaderos luchadores de Sumo.

それは，「奉納相撲」といって，日本各地の神社で地元住民によって行われています。神々に感謝する行為とされ，伊勢神宮の奉納相撲は，本物の力士によって行われる年中行事として有名です。

- それは神々への感謝の行事である → **ser** un acto de acción de gracias [de agradecimiento] a los dioses
- 年中行事に参加する → **participar en** un acontecimiento [acto] anual

E **¡Ah! Eso quiere decir que Sumo tiene algún aspecto religioso también, ¿no?**

ああ！　相撲には宗教的な側面もあるのですね？

J Sí, eso es. En Sumo hay gran cantidad de reglas tradicionales de modales, siendo la mayoría de ellas de origen sintoísta. Así, *dohyo*, lugar en forma de ruedo donde se realizan los combates, tiene un significado sagrado, por lo cual los luchadores antes de subir a él se enjuagan la boca, lo cual equivale a la purificación del cuerpo que se hace al llegar a un templo sintoísta. Asimismo, se esparce sal antes de la lucha para ahuyentar a los malos espíritus, lo que es un rito de purificación también en el sintoísmo ya que desde la antigüedad la sal era un símbolo de purificación en Japón.

はい，そのとおりです。相撲には伝統的な礼儀作法がいろいろありますが，その多くは神道に由来しています。たとえば，「土俵」ですが，これは宗教的に神聖な場所で，力士は土俵に上がる前に口をすすぎます。これは神社に参拝するとき，身を清めるのと同じです。また，取組の前に塩をまいて，邪悪な霊を追い払いますが，これも神道の清めの儀式です。日本では塩は昔から清めの象徴だったからです。

- 礼儀の作法に従う → **seguir** las reglas de buenos modales
- 塩をまく → **esparcir** [tirar al aire] sal
- 悪霊を追い払う → **ahuyentar** [echar fuera] **a** los malos espíritus

¿Cuándo comenzaron las luchas de Sumo?

相撲っていつごろ始まったのですか？

J No se sabe a ciencia cierta, pero lo que es seguro es que se practica desde tiempos remotos. Según el libro histórico *kojiki* escrito en el siglo VIII, Sumo tiene su origen en la lucha que llevaron a cabo algunos dioses legendarios de Japón para medir sus fuerzas. También se encuentran representados luchadores de Sumo en algunos muñecos de barro de la época de *kofun* (fines siglo III~fines siglo VI). Por todo esto podemos saber que Sumo tiene una historia muy antigua.

よくわかっていませんが，とても古いことは確かです。8世紀に書かれた『古事記』という歴史書には，神話時代の日本の神々が力比べをしたことが書かれており，これが相撲の起源だとされています。また，古墳時代（3 世紀末～ 6 世紀末）の埴輪にも力士をかたどったものがあります。このことからも相撲にはとても古い歴史があることがわかります。

日本紹介に役立つ表現

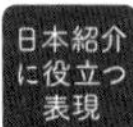

●【複数主語が】力を競う［測る］→ **medir** sus fuerzas

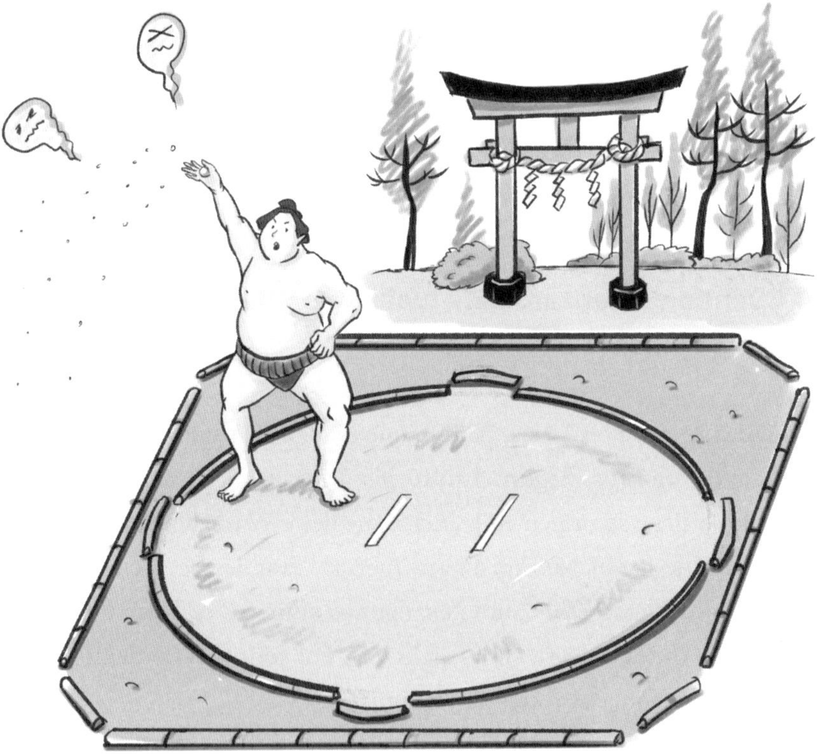

026

26 El Emperador
天　皇

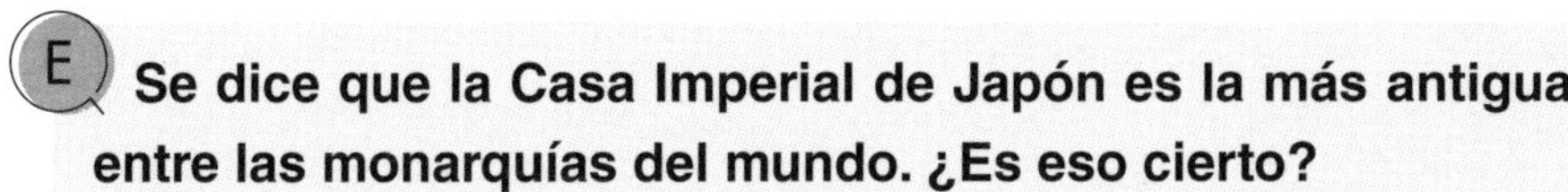

E **Se dice que la Casa Imperial de Japón es la más antigua entre las monarquías del mundo. ¿Es eso cierto?**

世界の王朝の中で日本の皇室が最も歴史が古いというのは本当ですか？

J No se sabe exactamente cuándo nació el régimen imperial. No obstante, teniendo en cuenta los datos históricos, al menos podemos remontarnos hasta el emperador Keitai (generación 26) de la primera mitad del siglo VI. Por consiguiente, no hay duda de que es la monarquía más antigua que continúa hasta nuestros días.

皇室制度がいつ生まれたのかはよくわかっていません。しかし，歴史的資料から判断して，少なくとも 6 世紀前半の第 26 代天皇の継体天皇まではさかのぼることができます。ですから，現在まで続く，歴史上最も古い王朝であることは間違いないようです。

- 皇室制度**が生まれる** → **nacer** el régimen [el sistema] imperial
- 歴史的資料**を考慮する** → **tener en cuenta** los datos históricos

E **¿Por qué habrá sobrevivido durante tantos años?**

なぜ，そんなに長く続いているのでしょう？

J Esa es una pregunta muy difícil. Creo que influyó el hecho de que en el sintoísmo se consideraba al emperador como la máxima autoridad. El primer emperador japonés, dicho sea de paso, se dice que fue el emperador Jinmu, que subió al trono, en el año 600 antes de Cristo. No obstante, este es un personaje legendario, y se dice que su antepasado es Amaterasuomikami, la diosa del sol, máximo exponente de los dioses sintoístas. Es decir, al ser el emperador descendiente del dios sintoísta más importante ha venido siendo considerado como un ser deificado. El hecho de que se piense que el emperador es descendiente de un dios constituye una gran diferencia con el pensamiento occidental de que el rey es un ser humano.

それは難しい質問ですね。歴史上，天皇が神道の最高権威者とみなされてきたことが重要だと思います。ちなみに，初代天皇を紀元前 600 年に即位した神武天皇とする説があります。ただし，この天皇は神話上の人物で，さらにその祖先が神道の最高神である天照大御神(あまてらすおおみかみ)だとされているのです。つまり，天皇は神道の最高神の子孫であり，神格化された存在とみなされてきたのです。天皇は神の子孫であると考えられていた点が，ヨーロッパの王が人間と考えられてきたのと大きく違いますね。

- 王座につく → **subir al** trono［coronarse 即位する］
- 伝説上の人物だ → **ser** un personaje legendario［名詞：leyenda 伝説］
- （神の）子孫だ → **ser** descendiente (de un dios)

E ¿Nunca fue una autoridad política?

天皇は政治的な権力者ではなかったのですか？

J Hubo una época en que el emperador tenía el mando político cuando los antepasados de la Casa Imperial unificaron muchos de los clanes, pero este período tuvo relativamente corta duración. Tras él, los dirigentes políticos de cada época, en lugar de abolir el sistema imperial, se aprovecharon de su prestigio para reforzar su propia autoridad. Aunque el emperador perdió su autoridad política, esto fue posible por seguir siendo respetado como máxima autoridad religiosa. Esta será también la razón de que la historia de la Casa Imperial continúe a través de los tiempos hasta nuestros días.

天皇が政治的実権を握ったこともありますが，それは天皇家の祖先が多くの豪族を統一した比較的短い期間でした。その後，各時代の政治指導者たちは，皇室制度を廃するよりも，自分たちの権威付けのために天皇の威光を利用してきたのです。これは天皇が政治的な実権を失っても，日本の宗教上の最高権威として人々に敬われてきた経緯があるからでしょう。だからこそ，天皇家の歴史は現在に至るほど長く続いているのではないでしょうか。

- 皇室制度**を廃止する** → **abolir** [eliminar] el sistema imperial
- 彼の名声**を利用する** → **aprovecharse de** su prestigio [fama]
- 自分の権威**を強化する** → **reforzar** [fortalecer] su autoridad

Origen del budismo

仏教の起源

Básicamente, ¿en qué consiste el budismo?

そもそも，仏教ってどんな宗教ですか？

J Es la doctrina predicada por Buda Gautama que nació en La India en el siglo V a.C. Viniendo de China a través de Corea, se propagó por Japón en el siglo VI. A diferencia del cristianismo y del islamismo, religiones monoteístas, el budismo tiene cierto carácter politeísta. No se cree en un dios absoluto, sino en diversas deidades que tienen diferentes funciones. Además, el concepto de la muerte difiere bastante.

紀元前５世紀に，インドに生まれたブッダが説いた教えが仏教です。日本には，中国から朝鮮を経由して６世紀に伝わりました。キリスト教やイスラム教が一神教なのに対して，仏教には多神教的な特徴が見受けられます。多くの宗派では，唯一絶対の神ではなく，さまざまな神的存在を崇めています。そして，死に対する考え方もだいぶ違うのですよ。

日本紹介に役立つ表現

- 【宗教家などが】ある教義を広める → **predicar** [difundir] una doctrina
- （日本で）普及する → **propagarse** [divulgarse] (por Japón)
- 多神教的な性格を持つ → **tener** cierto carácter politeísta

¿Qué diferencias hay?

どんな違いがあるのですか？

J En el cristianismo e islamismo se considera que quienes tuvieron un buen comportamiento en vida van al cielo. En este caso, solamente existe una vida. A diferencia de esto, según la doctrina de Buda, aunque uno muera vuelve a nacer. De este modo, experimenta repetida e indefinidamente diversas vidas. A esto se le llama *rinne* (reencarnación). El ideal del budismo es escapar de esta repetición y alcanzar la paz del espíritu. Es decir, no volver a nacer en este mundo.

キリスト教やイスラム教では，生前によい行いをした人は天国に行くと考えられています。この場合，人生は一度だけです。それに対して，ブッダの教えでは，人は死んでもまた生まれ変わるのです。だからさまざまな人生を無限に繰り返すことになります。これを「輪廻（りんね）」と言います。仏教の理想は，この輪廻の繰り返しから抜け出して，心の平安を得ることなのです。つまり二度とこの世に生まれないことが理想なのです。

- 天国に行く → **ir** al cielo
- 輪廻から抜け出る → **escapar** [salir] **de** la reencarnación
- 心の平安を得る → **alcanzar** [conseguir] la paz del espíritu

E **Me parece un tanto extraño. ¿Por qué es eso el ideal?**

なんだか変ですね。なぜそれが仏教の理想なのですか？

J Es porque en el budismo se parte de la base de que "la vida es un valle de lágrimas" Se nazca cuantas veces se nazca, nos espera el sufrimiento. En este caso sufrimiento significa que "las cosas no salen como uno espera". No podemos manejar a nuestro antojo ni el sentimiento de las personas, ni las enfermedades, ni el envejecimiento, ¿no es cierto? Cuanto mayor es el apego a las cosas, mayor es el sufrimiento de las personas. Es por eso que en el budismo a través del entrenamiento espiritual se intenta dejar a un lado este apego y liberarse de los sufrimientos. Este estado ideal es el nirvana o iluminación. Se cree que cuando uno consigue entrar en tal estado puede liberarse de la repetición infinita de sufrimientos mundanos.

それは仏教が「人生は苦しみだ」という自覚から始まっているからです。何度生まれ変わっても，そこには苦しみが待っているのです。この場合の苦しみとは「何ごとも自分の思いどおりにならないこと」を意味しています。人の気持ちも病気も老いも自分の思いどおりになりませんよね？　執着が強いほど人は悩み苦しむのです。だから，仏教では修行などを通じて執着をなくし，苦悩から解放されることを目指すのです。この理想の状態を「解脱」と言います。解脱することで，現世の苦しみの連続である輪廻から抜け出せると信じられているのです。

●（意のままに）物事**を操る** → **manejar** [manipular] las cosas (a su antojo)
●精神の修行を通じて→ a través del entrenamiento espiritual
●苦悩**から解放される** → **liberarse** [escapar] **de** los sufrimientos

28 Desarrollo del budismo

仏教の展開

¿Es Buda Gautama un dios budista?

ブッダは仏教上の神なのですか？

Al principio no era así. Originalmente Buda significaba "persona liberada de los sufrimientos habiendo escapado de la reencarnación a través de la iluminación". Señalaba a la persona que, abandonando su hogar para hacerse monje, describía la verdad imperecedera mediante la ejercitación espiritual. Por tal causa, en la primera época del budismo, no fue considerado como un ser sobrenatural, es decir como un dios. Unos 500 años después de la muerte de Buda Gautama alrededor del año cero de la era cristiana, se emprendió un nuevo movimiento contra el budismo tradicional de la primera época. Es entonces cuando comenzó la deificación de Buda.

はじめは違いました。本来，ブッダとは「解脱して輪廻から抜け出し，苦悩から解放された人」という意味でした。出家して修行し，永遠の真理を悟った人のことです。だから，初期の仏教では神のような超越した存在とはみなされませんでした。ブッダ（ゴータマ・シッダールタ）の死後，500年ぐらい後，つまり紀元0年ごろ，初期の仏教の伝統に対する新しい運動が起こりました。そうして，ブッダは神格化され始めたのです。

日本紹介に役立つ表現

- 悟りを通じて → a través de [mediante] la iluminación
- 永遠の真理を**発見する** → **descubrir** la verdad imperecedera [eterna]
- 新しい運動を**始める** → **emprender** [comenzar] un nuevo movimiento

¿Por qué ocurrió tal movimiento?

なぜそんな運動が起こったのですか？

Porque los promotores del nuevo movimiento pensaron que el pueblo en general no podría obtener la salvación a través del budismo tradicional que hasta ese momento recomendaba dejar el hogar para convertirse en monje. Para una persona normal resulta inviable abandonar su hogar para ejercitarse espiritualmente. De ahí que los que estaban en contra del budismo tradicional pensaran que Buda era el Salvador de la humanidad y comenzara su deificación. Se crearon diversas escrituras budistas fáciles de entender incluso para el pueblo en general. Este nuevo tipo de budismo se transmitió a Japón a través de China y Corea en el siglo VI.

新しい運動の擁護者たちは，出家をすすめる伝統仏教では一般大衆を救えないと考えたからです。ふつうの人々は出家して修行するわけにはいきません。そこで，伝統仏教に異議を唱える人たちは，ブッダを人類の救済者と考え，神格化していきました。そして，一般大衆にもわかりやすいさまざまな仏典が作られました。日本には，この新しい立場の仏教が中国，朝鮮を経由して６世紀に伝わったのです。

- （仏教で）救い**を得る** → **obtener** la salvación (a través del budismo)
- 出家する［僧侶になるために家庭**を捨てる**］→ **dejar** [abandonar] el hogar para convertirse en monje
- 精神の**修行を行う** → **ejercitarse** espiritualmente [entrenar el espíritu]

A veces en los templos budistas japoneses hay una estatua que parece un temible diablo, ¿qué es?

仏教のお寺にはときどき恐ろしい鬼のような像がありますが，あれは何ですか？

Hay, por ejemplo, una estatua llamada Fudomyoo con los pelos levantados por la cólera. Se trata de un dios protector budista. A medida que el budismo se popularizaba, se empezaron a introducir en él también los dioses de la religión Baramon de la antigua India, lugar originario del budismo. Por tal razón el budismo llegó a conseguir carácter politeísta y se crearon diversos tipos de imágenes budistas.

たとえば，不動明王という髪が怒りで逆立ちしたような仏像があります。仏教の守護神のようなものです。仏教が一般大衆化するに従って，仏教の発祥の地である古代インドのバラモン教の神々なども仏教に取り入れられるようになったのです。だから，仏教は多神教的な性格を帯びて，さまざまな種類の仏像が作られるようになりました。

- （激しい怒りで）髪が**逆立つ** → **tener** los pelos levantados (por la cólera [la furia])
- それは仏教の守護神**だ** → **tratarse de** [ser] un dios protector budista
- 仏の像**を作る** → **crear** imágenes [estatuas] budistas

29 Zen

禅

¿Qué es el Zen?

禅とは何ですか？

Zen es una rama del budismo que se transmitió a China desde La India en el siglo VI y llegó a Japón en la era de Kamakura (1185-1333). El ideal del budismo es alcanzar la paz del espíritu. Zen es asimismo un método de entrenamiento espiritual para liberarse de las dudas y deseos que nacen por el apego a las cosas terrenales. Los que vivimos en esta sociedad del estrés tenemos mucho que aprender de él.

禅は仏教の一派で，6 世紀にインドから中国に伝わり，日本には鎌倉時代（1185-1333）に入ってきました。仏教の理想は，心の平安を得ることですが，禅もまた，物事の執着によって生まれる欲望や迷いから解放されるための心の修行法です。ストレス社会に生きる現代人にも学ぶことは多いと思います。

日本紹介に役立つ表現

- （インドから）中国**に伝わる** → **transmitirse** [llegar] **a** China (**desde** La India)
- 迷い**から解放される** → **liberarse** [escapar] **de** las dudas
- この世の物事**に執着する** → **tener apego** [apegarse] **a** las cosas terrenales

¿Qué quiere decir?

どういうことですか？

Nosotros, los que vivimos en la sociedad actual, al llevar a cabo varios trabajos tendemos a pensar solamente en el rendimiento. Este se considera tanto mayor cuanto más rápidamente se realice cada uno de ellos. No obstante, con las prisas solemos hacer las cosas sin el debido esmero al no actuar con tranquilidad, atormentados por la falta de tiempo. En el Zen se considera la búsqueda de la eficiencia como un apego terrenal también. Se da más importancia al mantenimiento de la paz espiritual realizando los debidos trabajos con cuidado, dedicándole a cada uno el tiempo necesario. Zen influyó enormemente en la formación de la cultura japonesa. La clase guerrera de los samuráis también apoyó la práctica de Zen.

現代社会に生きる私たちは，さまざまな作業をするときに効率ばかり考えがちです。一つひとつの作業時間は短いほど効率が上がります。しかし，急ぐと，それぞれの作業は疎かになりがちです。時間に追われ，気持ちの余裕が失われます。禅は効率性の追求なども執着ととらえるのです。目の前の作業を一つずつ丁寧に行うことで，心の平安を保つことを重視するのです。禅は，日本文化の形成にとても大きな影響を与えました。武士階級も禅を強く支持したのですよ。

- ●時間の不足に苦しめられる → ser atormentado/da［sufrir］por la falta de tiempo
- ●効率を求める → buscar la eficacia［名詞：búsqueda 探求］
- ●日本文化に影響を与える → influir (tener influencia) en la cultura japonesa

E ¿Por qué los samuráis apoyaron la ejercitación a través del Zen?

どうして，侍たちは禅の修行を支持したのですか？

J En las luchas a vida o muerte es imposible desplegar la fuerza habitual si se tiene demasiada impaciencia para ganar o se tiene un gran temor a la muerte, ¿verdad? Por consiguiente, se consideró que el entrenamiento del Zen para mantener la calma espiritual ante cualquier tipo de situación serviría para la profundización del espíritu de las artes marciales. Por lo tanto, la práctica del Zen para mantener la calma tiene algo en común con el entrenamiento de los samuráis.

生死を分ける戦いで，勝ちへの焦りや死への恐怖が強いと，本来の力を発揮することはできないでしょう？　どんな局面でも心の平静さを保とうとする禅の修行は，武術の奥義を極めることにも通じていると考えられたからです。だから，禅で平常心を養うことは，武道の修行にも通じるところがあるのです。

- ●本来の力**を発揮する** → **desplegar** [mostrar] la fuerza habitual
- ●死**を恐れる** → **tener temor a** [tener miedo de] la muerte
- ●心の落ち着き**を保つ** → **mantener** la calma [la paz] espiritual

030

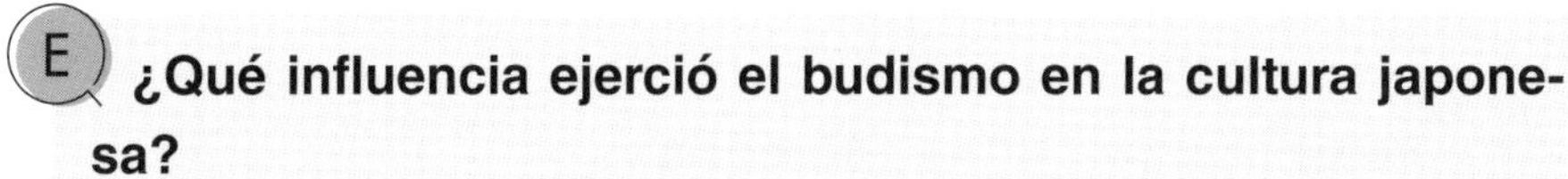

30 Nada es permanente

諸行無常

¿Qué influencia ejerció el budismo en la cultura japonesa?

仏教は日本文化にどんな影響を与えたのですか？

J Influyó de diversas formas. Por ejemplo, “Nada es permanente”, enseñanza básica del budismo, significa que todas las cosas desaparecerán y que constantemente están en proceso de transformación. Las bellas flores se marchitarán y los seres vivos morirán sin excepción. Este pensamiento de que todo es transitorio influyó sobremanera en la literatura japonesa de la Edad Media en adelante.

いろいろありますよ。たとえば，仏教の基本的な教えの一つに「諸行無常」があります。これは，万物はやがては消滅し，絶えず形を変え続けているという意味です。美しい花もやがて枯れてしまいます。生まれたものは必ず死ぬのです。この諸行無常という発想は，中世以降の日本文学にも大きな影響を与えました。

日本紹介に役立つ表現

- 永続的だ → ser permanente [eterno/na]
- 変化の過程にある → estar en proceso de transformación [cambio]
- 美しい花が枯れる → marchitarse [secarse] las bellas flores

¿Qué obras hay?

どんな作品があるのですか？

J De la Edad Media tenemos la famosa obra épica *heike monogatari*. Es una obra de la segunda mitad del siglo XII. Es una tragedia que cuenta cómo un clan en todo su esplendor es destruido por otro clan. El tema es: “Toda prosperidad perece sin falta”, es decir, “Nada es permanente”. Me parece que este concepto budista tiene asimismo influencia en el sentido estético de los japoneses.

中世の有名な叙事詩に『平家物語』があります。12 世紀後半の作品です。栄華を極めた一族が別の一族に滅ぼされる悲劇が描かれています。「栄えるものは必ず滅びる」という「諸行無常」が作品のテーマにもなっています。そして，この諸行無常は日本人の美意識にも影響を与えているような気がします。

●必ず滅びる → **perecer** [llegar a su fin] sin falta
●日本人の美意識に影響する → **tener influencia en** el sentido estético [la estética] de los japoneses

E **¿Eh? ¿Qué quiere decir eso?**

えっ？　どういうことですか？

J Un ejemplo es la fiesta de las flores. Los cerezos permanecen florecidos sólo unos pocos días. Los pétalos caen enseguida. Precisamente por eso su belleza es más apreciada. Por cierto, ¿te suenan las palabras *wabi* y *sabi*? *Wabi* expresa la belleza dentro de la sobriedad. Tenemos un ejemplo en los rústicos utensilios de la ceremonia del té. *Sabi* se refiere a la belleza dentro de lo deteriorado por el paso del tiempo. Es la belleza que se siente al contemplar el exterior descolorido de un viejo templo. Los japoneses tienen una fuerte tendencia a sentir la estética en lo sencillo más bien que en lo magnífico o en lo que va decayendo más bien que en lo poderoso. En este aspecto también se puede entrever, a mi parecer, la enseñanza budista de “Nada es permanente”.

たとえばお花見です。桜が咲き誇るのはほんのわずかな日数です。そして，すぐに散ってしまいます。だからこそ，いとおしく美しく感じるわけです。ところで，「わび」や「さび」という言葉を聞いたことがありますか？「わび」は簡素なものの中の美しさのことです。たとえば，茶道具の素朴な美がそれです。「さび」は古く劣化したものの中の美のことです。古い寺の色あせた外観に感じられるような美しさです。日本人はこのように，華麗なものより素朴なものに，強いものよりも滅びゆくものに，美意識を感じる傾向が強いようです。そんなところにも，「諸行無常」という仏教思想の影響が見いだせるのではないでしょうか。

- 花びら**が**（すぐに）**散る** → **caer** [perderse] los pétalos (enseguida)
- （時間の経過で）**徐々に損傷する** → **deteriorarse** (por el paso del tiempo)
- 素朴さに美意識**を感じる** → **sentir** la estética en lo sencillo [en la sencillez]

31 Budismo y sintoísmo

仏教と神道

E ***Torii*** **(entrada típica del santuario sintoista) es el símbolo de los templos sintoístas, ¿verdad? Sin embargo, el otro día vi un *torii* dentro de un templo budista, ¿por qué?**

「鳥居」は神社のシンボルですよね？　でも，この間，仏教のお寺の中に鳥居を見かけたことがあります。これはなぜですか？

J En realidad, esa es una de las características del budismo japonés. El templo budista nació en India, mientras que el templo sintoísta es originario de Japón. No obstante, durante largo tiempo, el budismo y el sintoísmo estaban fusionados. Por esa razón, a veces aún en la actualidad coexisten en el mismo recinto un templo sintoísta y uno budista.

実は，それが日本仏教の特徴の一つなのです。本来，お寺はインド発祥の仏教の寺院で，神社は日本発祥のものです。しかし，日本では非常に長い間，仏教と神道は融合していたのです。だから，今でも神社とお寺が同じ敷地内に存在することもあるのです。

- 日本の原産だ → **ser** originario [autóctono] **de** Japón
- 仏教と神道が融合している → **estar** fusionados [mezclados] el budismo y el sintoísmo

E **No acabo de entenderlo. Explícamelo un poco más.**

よく意味がわかりません。もう少し詳しく説明してください。

J Cuando el budismo llegó a Japón, en el siglo VI, se produjo un fuerte enfrentamiento basado en si lo aceptaban o no. Al final, los partidarios del budismo tomaron el poder, extendiéndose este por todo el país. Sin embargo, el sintoísmo nunca fue sustituido por el budismo y Buda llegó a considerarse como una deidad parecida a las deidades sintoístas. Además, se construyeron templos budistas dentro del recinto de los sintoístas en varios lugares y algunos dioses sintoístas se convirtieron en una especie de guardianes del budismo. Tal situación de mezcla del budismo y del sintoísmo se prolongó hasta finales de la época de Edo.

6世紀に日本に仏教が伝来したとき，仏教を受け入れるかどうかで激しい対立がありました。結局，仏教推進派が政治的実権を掌握し，仏教は日本全国に広まりました。しかし，神道が仏教に駆逐されることはなく，仏も神道の神々と同じような神とみなされるようになりました。さらに，各地の神社の境内にお寺が建てられたり，神道の神が仏教の守護神になったりしたのです。このような仏教と神道の混合は江戸時代の末まで続きました。

- 激しい対立**が起こる** → **producirse** un fuerte enfrentamiento
- 仏教の支持者が**権力を握る** → **tomar el poder** los partidarios [seguidores] del budismo
- X が Y **によって置き換えられる** → X **es sustituido por** Y

E **¿Cómo fue posible la fusión de dos religiones tan dispares?**

なぜ，まったく異なる宗教の融合が可能だったのですか？

J Creo que en gran parte se debe a que tanto el sintoísmo como el budismo tenían carácter politeísta. Así, en el caso de la fusión de los dioses romanos y los griegos también se podría decir que se produjo por ser politeístas. En el mundo del politeísmo no es extraño aceptar a dioses foráneos.

神道も仏教もともに多神教的な性格を持っていたことが大きいと思います。たとえば，ローマの神々とギリシャの神々も融合してしまいましたが，これも多神教同士だったからと言えるのではないでしょうか。多神教の世界では，異国の神を受け入れることは珍しくないのです。

日本紹介に役立つ表現

●異国の神々を受け入れる → **aceptar a** los dioses foráneos [extranjeros]

32 El cristianismo y el aislamiento del país

キリスト教と鎖国

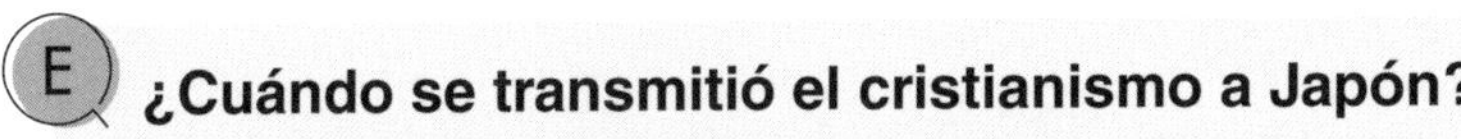

E **¿Cuándo se transmitió el cristianismo a Japón?**

キリスト教は日本にいつごろ伝わったのですか？

J Llegó a Japón por primera vez a través del misionero español San Francisco Javier a mediados del siglo XVI. Después con la ferviente evangelización de los misioneros españoles y portugueses, el cristianismo se extendió rápidamente por todo Japón. No obstante, posteriormente fue prohibido.

スペイン人宣教師フランシスコ・ザビエルによって 16 世紀の中ごろ，日本に初めて伝わりました。その後，スペインやポルトガル宣教師の熱心な布教で，キリスト教は日本でも急速に広まりました。しかしその後，キリスト教は禁止されてしまったのです。

日本紹介に役立つ表現

- 鎖国する［国を孤立させる］→ **aislar** el país
- 人々にカトリックを布教する → **evangelizar** [propagar el catolicismo] al pueblo
- スペイン人宣教師が到来する → **llegar** los misioneros españoles

E **¿Y eso por qué?**

いったいどうしてですか？

J En esa época el shogunato de Edo era un gobierno militar y temió que los españoles y portugueses estuvieran tramando movilizar al pueblo mediante la evangelización católica para colonizar Japón. Por esa razón tomó la medida de aislar el país prohibiendo la salida al extranjero de los japoneses y el comercio con otros países, excepto con Holanda, China, Corea y Reino de Ryukyu. Esta política de aislamiento continuó durante más de 200 años, reforzándose el sistema feudal.

当時の江戸幕府は軍事政権でした。スペインやポルトガルがカトリックの布教によって民衆を扇動し，日本の植民地化を計画しているのではないかと恐れたのです。その結果，日本は鎖国政策をとり，オランダ，中国，朝鮮，琉球王国以外の国との貿易や日本人の海外渡航を禁止しました。この鎖国政策はその後，200 年以上も続き，封建体制が強化されたのでした。

- ●日本を植民地にする → **colonizar** Japón［名詞：colonia 植民地］
- ●海外への渡航を禁止する → **prohibir** la salida al extranjero
- ●封建体制を強化する → **reforzar**［fortalecer］el sistema feudal

E Tras la prohibición del cristianismo, ¿qué fue de los cristianos de Japón?

キリスト教が禁止された後，日本のキリスト教徒はどうなったのですか？

J Tanto los misioneros que estaban en Japón como los cristianos japoneses fueron perseguidos duramente. Cada vez que los encontraban les obligaban a renegar del cristianismo. Gran número de cristianos fueron ejecutados por negarse a hacerlo. A pesar de la tremenda persecución, algunos, escondidos, continuaron manteniendo la fe cristiana durante generaciones. Los llamaron “los cristianos escondidos”.

日本にいた宣教師も日本人のキリスト教徒も，徹底的に迫害されました。彼らは発見され次第，キリスト教を捨てることを誓わされたのです。それを拒んだために処刑されたキリスト教徒の数は膨大なものでした。厳しい迫害にもかかわらず，潜伏しながらキリスト教の信仰を何世代にもわたって保ち続けた人々もいます。彼らは「隠れキリシタン」と呼ばれました。

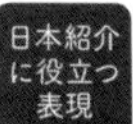

- ●キリスト教徒を迫害する → **perseguir a** los cristianos
- ●キリスト教の信仰を捨てる → **renegar de**［abandonar］la fe cristiana
- ●キリスト教徒を処刑する → **ejecutar a** los cristianos［名詞：ejecución 処刑］

33 Funerales

葬　式

¿Cómo son los funerales de Japón?

日本の葬式はどのようなものですか？

Si el difunto no es cristiano, lo normal es hacer el funeral por el rito budista. Por tal motivo, muchos templos budistas están provistos de cementerios. Antes del funeral primero se lleva a cabo el velatorio. Un bonzo lee los sutras y a continuación se ofrece una comida para que los familiares y amigos del difunto puedan hablar sobre los recuerdos de él. Al día siguiente tiene lugar el funeral, que es la última ceremonia de despedida, tras el cual es incinerado.

日本では，故人がキリスト教徒でなければ，葬式は仏教式で行うのが一般的です。だから，お寺には墓地が付属していることが多いのです。お葬式の前にまず通夜が行われます。僧侶がお経を唱えた後，家族や故人と親しかった人たちは思い出を語り合うために食事に招かれます。そして，その翌日がお葬式です。これが最後の別れの儀式となります。その後，火葬されるのです。

- 【寺などが】墓地を備えている → estar provisto/ta de [contar con] un cementerio
- 通夜が行われる → llevarse a cabo [tener lugar] el velatorio
- 遺体を火葬する → incinerar el cuerpo (del difunto [del cadáver])

¿Por qué es una ceremonia budista en lugar de sintoísta?

なぜ，お葬式は，神道ではなく仏教式なのですか？

Ya que el sintoísmo considera la muerte como un estado impuro, se piensa desde la antigüedad que no es apropiado realizar el funeral en el templo sintoísta cuyo recinto es sagrado. Por eso, según se dice, se asociaron los funerales al budismo. No obstante, la gran difusión de los funerales budistas tuvo que ver históricamente con el cristianismo.

神道では死を穢れと考えるため，神聖な場所である神社でお葬式を行うことが不適切だと考えられてきたからです。そこで，仏教が葬式と結びつくようになったと言われています。しかし，仏教の葬儀がここまで普及したのには歴史的にキリスト教が関わっていたのです。

- 死を汚れた状態とみなす → **considerar** la muerte **como** un estado impuro
- キリスト教に関係する → **tener que ver** [tener relación] **con** el cristianismo

¿Eh? ¿Cómo es eso?

えっ？　どういうことですか？

En Japón, en el siglo XVII se prohibió el cristianismo y los creyentes fueron perseguidos. Entonces el gobierno de Edo utilizó el budismo con el fin de evitar la evangelización del cristianismo. Obligó a todos los habitantes a pertenecer a algún templo. Esto es llamado *dankaseido*, (sistema de feligresía). Como resultado, se instaló en cada hogar un altar budista y se dice que fue por entonces cuando se consolidaron los funerales al estilo budista.

日本では，17 世紀にキリスト教が禁止され，キリスト教徒は迫害されました。そのとき，江戸幕府はキリスト教の布教を取り締まるために仏教を利用したのです。すべての国民はどこかの寺に所属することが義務づけられました。これを「檀家制度」と言います。その結果として，各家庭に仏壇が置かれるようになり，仏教による葬儀が定着したのだと言われています。

- 仏教式の葬儀が定着する → **consolidarse** [arraigarse] los funerales al estilo budista

034

34 Confucianismo

儒 教

¿Qué es el confucianismo?

儒教って何ですか?

J Son las enseñanzas y la doctrina de un pensador de la antigua China llamado Confucio. A Japón se transmitió desde China a través de la península coreana alrededor del siglo V y en la era de Edo (1603-1867) el shogunato adoptó la doctrina de una rama del confucianismo ya que consistía en una ética apropiada para el mantenimiento del sistema feudal.

古代中国の思想家である孔子が唱えた道徳や教えのことです。日本には5世紀ごろ中国から朝鮮半島を経て伝わりました。そして，江戸時代（1603-1867）に，儒教の宗派の一つである朱子学が幕府によって採用されました。封建体制を維持するのに都合のよい倫理体系だったからです。

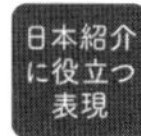

●孔子の教え**に従う** → **seguir** las enseñanzas de Confucio

●封建制度を維持する**のに役立つ** → **servir para** mantener el sistema feudal

E

¿En qué sentido?

どんな点がですか?

J El confucianismo respeta el orden de jerarquías. El Shogunato de Edo estableció un estricto sistema de clases aprovechándose del confucianismo. Como resultado, las personas quedaron divididas en cuatro clases hereditarias: samuráis, agricultores, artesanos y comerciantes, resultando inmovilizadas las clases sociales. De ellas la más alta era la de los samuráis. Eso se debía a que el shogunato era un régimen militar constituido por tales guerreros. Asimismo, el confucianismo también da importancia a las relaciones superior-inferior basadas en la edad. Parece que aun en la época actual este valor influye en las relaciones personales.

儒教は上下関係の秩序を重視します。江戸幕府は，儒教を利用して厳格な身分制度を作りました。その結果，人々は武士・農民・職人・商人のいずれかの世襲制の階級に分けられ，社会の階層が固定化されたのです。この中で一番身分が高かったのが武士階級です。これは，幕府が侍による軍事政権だったからです。また，儒教では年齢を基準とした上下関係も重視されます。この価値観は現代日本の人間関係にも大きな影響を与えているようです。

- 上下関係の秩序**を重視する** → **respetar** [valorar] el orden de jerarquías
- 身分制度**を確立する** → **establecer** el sistema social de clases
- 人々を（世襲制の）４つの階級**に分ける** → **dividir** al pueblo **en** cuatro clases (hereditarias) [動詞：heredar 相続する]

¿Qué quieres decir?

どういうことですか？

J Cuando los japoneses concurren en el mismo lugar con los mayores, tácitamente se ven obligados a mostrar respeto con sus acciones y palabras. Por tal motivo, aunque el de menor edad tenga una opinión diferente no se atreve a llevarle la contraria al mayor. Esto es un ejemplo de que los valores del confucionismo continúan influyendo en la actualidad en el comportamiento de los japoneses.

日本人は年長者と同席したとき，言葉遣いや態度で敬意を払うことが暗黙のうちに求められています。だから，年下の人はたとえ意見が違っても，年上の人に反論することをためらいがちです。儒教的な価値観が今でも日本人の行動に影響を及ぼしている一例ですね。

日本紹介に役立つ表現

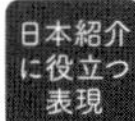

- 年長者**に敬意を表す** → **mostrar respeto** [respetar] **a** los mayores
- 年長者**に反論する** → **llevar la contraria** [contradecir] **a** los mayores
- 日本人の行動**に影響を与える** → **influir en** el comportamiento de los japoneses

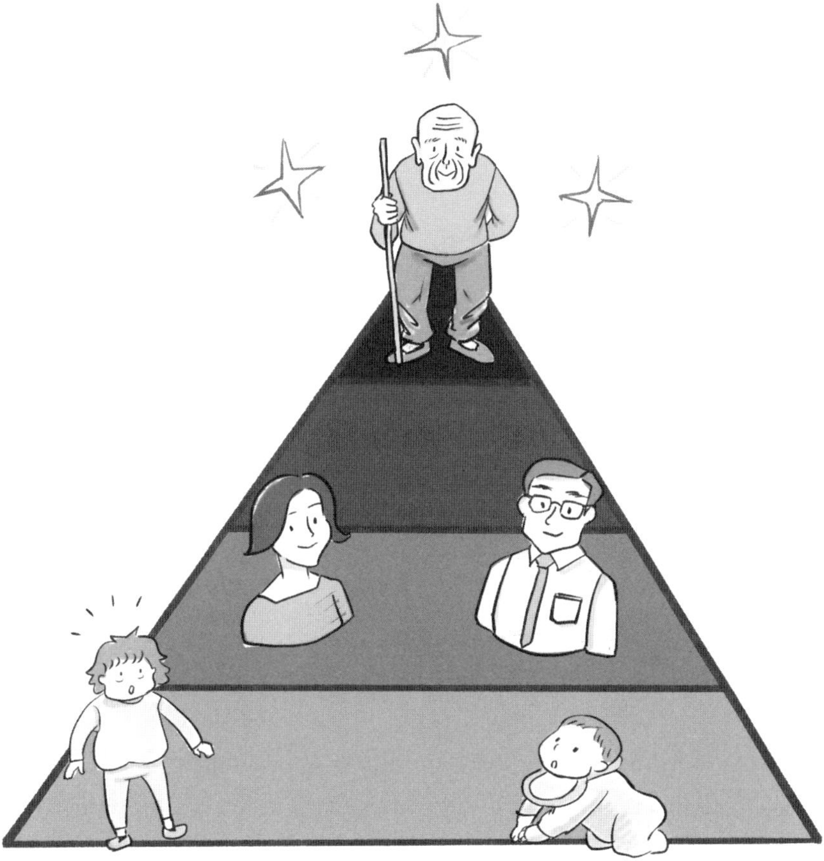

035

35 Kabuki

歌舞伎

El otro día oí por primera vez la palabra *kabuki*, ¿qué significa?

先日，歌舞伎という言葉を初めて聞きました。どういう意味ですか？

Kabuki es un arte tradicional japonés nacido en el año 1603 y compuesto, como su nombre indica, por música「歌」,baile「舞」y actuación「技」. O sea, es un arte polifacético.

歌舞伎とは 1603 年に生まれた日本の伝統芸能で，その名前が示すように，音楽（「歌」）と踊り（「舞」）と演技（「技」）から成り立っています。つまり，総合的な芸術なのです。

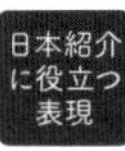

●総合的な［多面的な］芸術だ → **ser** un arte polifacético [global]

En la ópera también se conjugan esos elementos. ¿Cuál es la diferencia?

オペラにもそれらの要素は入っていますが，どう違うのですか？

Bueno, la forma de interpretación difiere por completo. En *kabuki*, la actuación hablada corresponde a los actores y la cantada a los narradores. Otra gran diferencia es que sólo actúan hombres. Unos son especialistas en papeles de mujer y se llaman *onnagata*, otros solo hacen papeles de hombre, los llamados *tachiyaku* y otros representan indistintamente papeles masculinos y femeninos. Además es un arte que se transmite de padres a hijos.

そうですね，演じ方がまったく違います。歌舞伎では，役者は台詞を言い，語り手が物語を語ったり，歌ったりします。もう一つの大きな違いは，歌舞伎は役者がすべて男性であることです。「女形」と呼ばれる女役専門の役者，「立ち役」と呼ばれる男役専門の役者，そして，男役と女役の両方を演じる役者がいます。その上，この芸能は，父親から息子へと受け継がれていくのです。

- 音楽と踊りと演技**が連携する** → **conjugarse** [combinarse] la música, el baile, y la actuación
- 女性**の役を演じる** → **hacer un papel de** mujer
- 父親たち**から**息子たち**へ受け継がれる** → **transmitirse de** padres **a** hijos

E ¿Qué tipo de historias representan?

どんな物語が演じられるのですか？

J Según el contenido, a grandes rasgos las obras se pueden dividir en tres tipos: *jidaimono*, *sewamono* y *shosagoto*. *Jidaimono* son obras basadas en algún hecho histórico. En ellas el vestuario es fastuoso y el ambiente solemne. Hablan al estilo antiguo, por lo que es un poco difícil de comprender. *Sewamono* son obras que reflejan la vida de los plebeyos. Los trajes son mucho más sencillos y la forma de hablar más cercana a la actual. *Shosagoto* son piezas de danza tradicional japonesa escenificadas con acompañamiento de *narimono*, instrumentos musicales japoneses genuinos. Como ves es un arte muy completo. Aun así, la mayoría de los japoneses nunca han visto una representación de *kabuki* en vivo.

作品内容による分類だと，大きく三種類に分けられます。「時代物」と呼ばれる作品は，歴史的な事実に基づいています。衣装が豪華で，荘厳な雰囲気です。昔風の言葉遣いなので，理解するのがやや難しくなります。「世話物」と呼ばれる作品は，庶民の生活を再現したものです。衣装はずっと簡素で，話し方も現代語に近くなっています。その他，「所作事」と呼ばれる作品は，日本舞踊の作品で，「鳴り物」と呼ばれる純粋の和楽器の伴奏があります。このように，とても完成された芸術なのです。しかし，大部分の日本人は生の舞台で歌舞伎を見たことはありません。

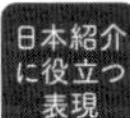

●衣装**が**豪華**だ** → **ser** fastuoso [lujoso] el vestuario
●雰囲気**が**荘厳**だ** → **ser** solemne [grandioso] el ambiente
●庶民の生活を**反映する** → **reflejar** la vida de los plebeyos [del pueblo]

036

36 Bunraku

文　楽

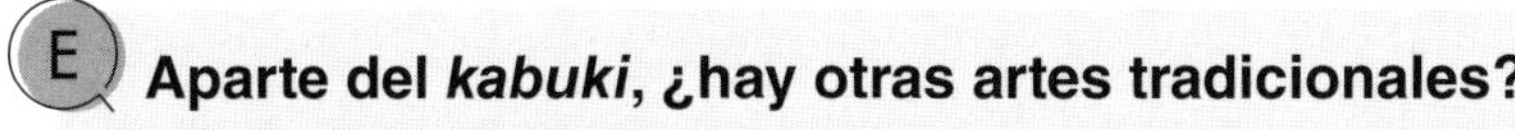

E　Aparte del *kabuki*, ¿hay otras artes tradicionales?

歌舞伎の他にも伝統芸能はありますか？

J　Si, hay varias. Por ejemplo, *bunraku* teatro de muñecos, *noh*, *kyogen*, *rakugo*, *bugaku*, etc.

はい，いろいろあります。たとえば，人形劇の文楽，能，狂言，落語，舞楽などがありますよ。

E　¿Teatro de muñecos? Suena interesante. ¿En qué consiste?

人形劇ですって？　面白そうですね。どんなものですか？

J　Se representan obras que a veces coinciden con las de *kabuki*, pero, en este caso, los protagonistas son muñecos de más o menos un metro y manejado cada uno de ellos por tres personas. El titiritero principal tiene la cara descubierta y mueve la cabeza y el brazo derecho del muñeco, los otros dos llevan la cara cubierta, ocupándose uno del brazo izquierdo y el otro de las piernas.

歌舞伎と同じ演目が演じられることもあります。でも，この場合，主人公たちは身長１メートルぐらいの人形で，それぞれ３人の人形遣いが操っています。中心となる人形遣いは顔を見せていて，人形の頭と右手を操り，他の２人は顔を隠し，１人が左手，もう１人が脚を操ります。

- 主人公の役を演じる → **hacer el papel de** protagonista
- 人形を操る → **manejar** [manipular] los muñecos
- 左腕を担当する → **ocuparse** [encargarse] **del** brazo izquierdo

Pero, ¡los muñecos no hablan!

でも，人形は話さないじゃないですか！

J Se mueven al compás de la narración cantada por los llamados *tayu* acompañados de un intérprete de *shamisen* (especie de guitarra japonesa) sentados al estilo japonés en una tarima elevada en la parte derecha mirando desde el patio de butacas.

人形は，舞台の右手の演壇に正座する「太夫」と呼ばれる語り手の台詞と三味線（日本のギターのようなもの）弾きの伴奏に合わせて，操られます。

- 語りに合わせて演じる → **actuar** al compás de [al ritmo de] la narración

¿Es algo parecido a nuestros títeres?

それって，スペインの操り人形と似たようなものですか？

J Bueno, tienen en común que en ambos se usan muñecos, pero, mientras los títeres van dirigidos al público infantil, *bunraku* se representa para los adultos. En Tokio es tan popular que a veces resulta difícil conseguir una entrada aunque hay funciones cuatro veces al año con una duración de unas dos semanas cada una.

そうですねえ，人形を使うという意味では共通点がありますが，操り人形は観客が子どもたちであるのに対して，文楽は大人が対象です。東京ではずいぶん人気があり，年に４回，２週間の公演があっても，チケットの入手では苦労することもあるのですよ。

- 子どもの観客を対象にする → **ir dirigido/da al** [ser para el] público infantil
- （年に４回）公演がある → **hay** funciones (cuatro veces al año)

37 Teatro tradicional: *noh* y *kyogen*

能・狂言

E **He oído decir que *noh* y *kyogen* son artes tradicionales muy antiguas. ¿Cómo son?**

能と狂言はとても古くからあると聞きますが，どんなものなのですか？

J Tanto *noh* como *kyogen* tienen una tradición de más de 600 años. Son dos artes escénicas de las más antiguas de Japón. Ambas se representan en el escenario de *noh*, pero tienen diferencias visibles. *Noh* es una tragedia donde se baila al son de la música, mientras que *kyogen* se podría decir que es una comedia representada en el entreacto para cambiar de ambiente. Cada una tiene sus respectivos actores especializados.

能も狂言も600年以上の伝統を誇る，日本で最も歴史の古い舞台芸術の一つです。どちらも同じ能舞台で演じられますが，明白な違いがあります。能は音楽とともに舞う悲劇で，狂言は幕間に演じられるお口直しの喜劇といえましょうか。それぞれに異なる専門の役者がいます。

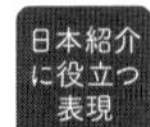

- 能の舞台で演じられる → **representarse en** el escenario de *noh*
- 悲劇だ → **ser** una tragedia［反義：comedia 喜劇］
- （音楽に合わせて）踊る → **bailar** al son de［al ritmo de］la música

E ***Noh* parece muy solemne, ¿no?**

能は荘厳なイメージがありますが？

Los protagonistas de *noh* suelen ser personajes históricos y la indumentaria es muy vistosa. Representan bellamente la tristeza de la vida, bien convirtiéndose en espíritus para contar su afecto persistente hacia la vida, bien lamentando desgarradamente su desengaño amoroso, bien expresando la angustia por la pérdida de un hijo o el sufrimiento que conlleva la vejez. Los movimientos del teatro *noh* son extremadamente contenidos, expresando el mundo emotivo al máximo con el mínimo de movimientos. ¿Has visto alguna vez una máscara de *noh*? Se la pone el protagonista y a simple vista parece que no tiene expresión, sin embargo, dependiendo del ángulo y de un ligero movimiento del actor muestra gran variedad de emociones.

能の主人公は歴史上の人物が多く，豪華な着物を着ています。彼らは亡霊となって生前の未練を物語ったり，失恋の悲痛，我が子を失う苦悩，老いの苦しみなど，人生の悲哀を美しく演じます。能の動きはとても抑制的で，最小の動きで心の世界を最大限に表現するのです。能面を見たことがありますか？　主人公がつける面のことですが，一見無表情ですよね。ところが役者のほんの少しの動きと角度によって，見事に喜怒哀楽が浮かび上がるのです。

日本紹介に役立つ表現

- 人生の悲哀**を演じる** → **representar** la tristeza de la vida
- 失恋［恋愛の失望］**を嘆き悲しむ** → **lamentar** su desengaño amoroso
- 子どもを失った苦悩**を表す** → **expresar** la angustia por la pérdida de su hijo

¿Cuál es la diferencia con *kyogen*?

狂言はどう違うのですか？

J

Kyogen es una comedia alegre y rebosante de humor, en la que los personajes son personas normales y corrientes. Expresan exageradamente el aspecto ridículo que todos los humanos tenemos. Normalmente no usan máscaras y el vestuario es sencillo. Se mueven con patrones especiales y la forma de hablar es peculiar. A veces actúan cómicamente imitando a los animales, incluso a los mosquitos. En el mismo escenario se puede apreciar la actuación estudiada y de movimientos controlados de los actores de *noh* y la humorística y exagerada de los de *kyogen* como si fuera un suculento menú completo.

狂言は，明るくユーモアにあふれた喜劇で，登場人物もありふれたふつうの人々です。だれもが持っている人間の滑稽な一面を，誇張した演技で表現します。ふつう面もつけず，衣装も簡素です。独特の台詞回しと型があり，時には動物や蚊まで，面白おかしく演じるのですよ。抑制され，練り上げられた能役者の演技と，誇張されたユーモラスな狂言役者の演技を両方味わう。なんだか，フルコースの贅沢なお料理みたいですね。

- とてもありふれた**人々だ** → **ser personas** normales y corrientes
- （動物を真似て）（滑稽に）**演じる** → **actuar** (cómicamente) (imitando a los animales)

38 *Rakugo*

落　語

He oído decir que *rakugo* es interesante. ¿Qué tipo de entretenimiento es?

落語は面白いと聞きましたが，どんな芸能なのですか？

Es un arte tradicional de Japón que tomó la forma actual en la época de Edo (1603-1867), llamado también "Arte de la risa". Lo realizan los *rakugoka*, que sentados en un cojín fascinan a los espectadores utilizando solamente palabras y gestos. Las historias que cuentan son variadas, con una duración de cinco minutos las más cortas y más de 30 las largas. En cuanto al contenido, hay historias emotivas, de fantasmas, etc. expresando vivamente los sentimientos y la vida del pueblo de la época de Edo. Hay que señalar que todas las partes del cuento contienen elementos cómicos.

落語は日本の伝統芸能の一つで，江戸時代（1603-1867）に現在の形が確立したようです。「笑いの芸能」とも呼ばれています。落語家は一人で座布団に座り，語りと仕草だけで観客を引き込みます。一つの噺（はなし）は５分ほどの短いものから，30分以上のものまで様々です。内容としては人情話や怪談など，江戸時代の庶民の生活や感情を生き生きと語ります。注目すべきは，噺の随所に笑いがちりばめられていることです。

- （江戸時代に）現在の形**をとる** → **tomar** la forma actual (en la época de Edo)
- 観客**を魅了する** → **fascinar a** los espectadores [al público]

E **Pero, tenemos la imagen de que los japoneses no suelen reírse a carcajadas.**

日本人はあまり大声で笑わないイメージがありますが。

J Si vas a las salas donde cuentan estas historias es posible que cambie esa imagen. Muchos de los cuentos de *rakugo* son tradicionales y la misma historia es contada por diferentes *rakugoka*. El que la sala se llene de risas se debe al encanto de las historias muy bien elaboradas y sobre todo a la maravillosa técnica de narración de los *rakugoka*. A pesar de ser un arte tradicional clásico, a aquellos cuya profesión requiere hablar en público, como los locutores, les recomiendan tomar como modelo a los *rakugoka* ya que es un arte de alto nivel.

寄席に行くと，そのイメージは変わるかもしれませんね。落語には古典作品が多くあり，同じ噺をさまざまな落語家が語ります。会場に笑い声があふれているのは，練り上げられてきた作品と，なにより落語家の話芸の素晴らしさゆえなのですね。古典とは言っても，アナウンサーなど人前で話す職業の人はみな，落語を参考にしろと言われるくらい話芸なのですよ。

- 物語を作り上げる → elaborar [crear] historias
- 人前で話す → hablar en público
- 人々に落語を見るように勧める → recomendar a la gente ver *rakugo*

E **En el caso de las obras clásicas, ¿no es difícil entender lo que dicen?**

古典作品だと，言葉遣いなどは難しくないですか？

J A diferencia de *noh* y *kabuki*, *rakugo* es un arte tradicional relativamente nuevo, por lo que no cuesta tanto trabajo entender lo que dicen. Existen dos estilos (el de la zona de Kansai y el de la de Kanto) pudiéndose saborear las reminiscencias de sus respectivos antiguos dialectos. Recientemente hay quienes crean y presentan sus propias nuevas historias introduciendo temas de actualidad y han ganado tanta popularidad entre los jóvenes que a veces se agotan las entradas.

落語は能や歌舞伎とは違って，比較的新しい伝統芸能なので，言葉は非常にわかりやすいです。関西と関東の落語があり，それぞれ昔の方言の名残が感じられ，味わい深いですよ。最近は落語家自身が最近の時事問題を取り込んだ新作落語を披露することもあり，若者の人気も高く，時にはチケットが完売してしまうほどなのです。

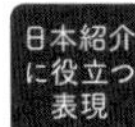

- 彼らの言うことを理解する**のは大変だ** → **costar trabajo** entender lo que dicen
- 時事問題**を取り入れる** → **introducir** temas de actualidad
- チケット**が完売する** → **agotarse** [venderse totalmente] las entradas

Danza japonesa

日本舞踊

El otro día que fui al teatro *kabuki* pusieron una obra cuyo contenido era sólo baile. ¿Qué tipo de baile es?

先日歌舞伎を見に行ったら，舞踊だけの演目がありました。この踊りは何ですか？

Es un baile tradicional japonés derivado del teatro *noh* y de *kabuki*. Se baila acompañado de cante y de shamisen (guitarra japonesa de tres cuerdas). Los bailarines, ataviados con kimonos, usando el abanico expresan el paisaje y el estado anímico con gestos. Dentro de la simplicidad requiere una gran técnica. Un mismo danzante representa bailando ya a un anciano, ya a una joven, ya a un samurái o incluso a un animal. A su vez el abanico es un instrumento muy conveniente que se convierte en montaña, en ola, en sake o en carta según la forma de sostenerlo.

日本舞踊です。歌舞伎や能から派生した舞踊で，三味線（日本の３弦のギター）と唄の伴奏で踊ります。舞踊家は着物を着て，扇子を使い，身振りや手振りで風景や心情を表現します。シンプルな分，高い技術が必要で，一人で老人，娘，武士，時には動物まで踊り分けます。また，扇子はとても便利で，持ち方によって山や波になったり，お酒や手紙に見立てられたりもするのですよ。

- 三味線に合わせて**踊る** → **bailar** acompañado/da de [al son de] *syamisen*
- （感情を表現するため）扇**を使う** → **usar** el abanico (para expresar sentimientos)

¿Qué tipo de personas bailan?

どんな人が踊るのですか？

J Bailan como profesionales los actores de *kabuki*, las geishas, y otros especialistas en baile japonés. Los actores de *kabuki* lo practican desde pequeños y lo bailan como una parte de las obras de *kabuki*. En ellas el vestuario y el maquillaje son muy vistosos y muchos de los bailes representan una historia. Otros especialistas suelen provenir de familias normales, pertenecen a alguna de las numerosas escuelas de baile y bailan como profesionales en las representaciones periódicas de los teatros. Muchas de las veces bailan a cara descubierta, sin maquillaje especial, vistiendo sólo un kimono normal y mostrando la expresión corporal genuina, lo que se llama *suodori*.

日本舞踊をプロとして踊るのは，歌舞伎役者，芸者，日本舞踊家の人たちです。歌舞伎役者は小さいころから日舞の稽古もしていて，日本舞踊を一つの芝居の演目として踊ります。衣装や化粧も華やかで，物語性の強いものも多いですね。日本舞踊家は一般の家の人が多く，たくさんある流派のどれかに所属して，劇場の定期公演でプロとして踊ります。「素踊り」といって，素顔に着物だけで，純粋な身体表現として舞うことが多いのですよ。

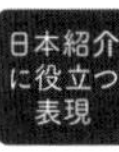

●素顔で踊る → bailar a cara descubierta sin maquillaje

E Creía que todos los japoneses sabían bailar el baile japonés.

日本人はみんな，日本舞踊が踊れるのかと思っていました。

J No, son muy pocos los que saben bailarlo. Ya no es muy común asistir a clases regularmente para aprender algo como afición igual que antaño. A diferencia de *kabuki*, los espectadores de las representaciones de baile suelen ser los que lo aprenden en alguna escuela tradicional. No obstante, en estos días, los bailarines jóvenes se agrupan para representar bailes con nuevas coreografías sin escatimar esfuerzos para atraer a nuevos espectadores.

いいえ，ほとんどの人は踊れません。習い事としても昔と違いメジャーではありません。歌舞伎とは違って，劇場での定期的な公演は，伝統的な流派のいずれかを習っている人が見に来ている，という現状です。でも，最近は，若い舞踊家たちがグループを作って新作舞踊を発表したりして，新しい観客を増やすためにいろいろな努力をしているのですよ。

- （趣味として）踊りを学ぶ → **aprender** baile (como afición)
- （新しい振付けで）踊りを披露する → **representar** bailes (con nuevas coreografías)
- 努力を惜しまずに働く → **trabajar** sin escatimar esfuerzos

040

40 Ceremonia del té

茶　道

¿Qué es la ceremonia del té?

茶道って何ですか？

J Es una forma ritual de preparar y beber té verde. También, es una de las aficiones tradicionales de los japoneses que permite aprender el protocolo de la hospitalidad. Al mismo tiempo, influenciada por el budismo y el zen, es un entrenamiento mental para conseguir la paz del espíritu. En esta ceremonia el proceso está minuciosamente determinado y todos los movimientos tienen un significado. Por ejemplo, antes de llevarse el tazón a la boca se hace girar con la mano siendo diferente el número de vueltas y el grado de inclinación según la escuela.

茶道はお茶を入れて飲む儀式です。もてなしの礼儀作法を学ぶことのできる，日本人の伝統的な趣味の一つでもあります。仏教や禅の影響を受けていて，心の平安を得るための精神修養的な側面もあります。茶道では，すべての動作に意味があり，手順が細かく決められています。たとえば，口をつける前に茶碗を手で回しますが，宗派によってはその回数や角度まで決まっているのですよ。

- もてなしの礼儀作法を学ぶ → **aprender** el protocolo [la etiqueta] de la hospitalidad
- （細かく）手順を決める → **determinar** el proceso (minuciosamente)

Con tantas normas acabará uno cansado, ¿no?

なんだかルールが多くて肩がこりそうですね？

J Bueno. Pero, piensa un momento. Si en los deportes no existieran las normas no podría haber partidos. Del mismo modo, lo más importante es agradecer la hospitalidad apreciando el té. Si no hubiera un orden prefijado, uno mismo tendría que pensar hasta en los pequeños detalles. Si se tienen asimiladas las normas se podrá sentir paz de espíritu concentrándose en apreciar el té sin pensar en nada más.

でも，考えてみてください。スポーツでも，もしルールがなかったら，試合として成立しませんよね。それと同じで，一番大事なことは，もてなしに感謝してお茶を味わうことなのです。手順が決まっていなければ，些細なことまで自分で考える必要が出てきます。ルールが身体にしみついていることで，無心にお茶を楽しむことに集中でき，心の安らぎを感じることができるのではないでしょうか。

- もてなしを感謝する → **agradecer** la hospitalidad
- 心の安らぎを感じる → **sentir** paz de espíritu
- お茶を味わう → **apreciar** [saborear] el té japonés

¿Dónde se lleva a cabo la ceremonia del té?

茶会はどこで行うのですか？

J En una sala sobria llamada *chashitsu* (sala de té) cubierta de esteras *tatami*. La entrada a ella se construye pequeña intencionadamente. Se pensaba que *chashitsu* es un lugar sagrado, no relacionado con lo cotidiano. Por tal motivo antiguamente los samuráis dejaban fuera su espada y entraban en ella agachándose. De este modo volvían a su humildad genuina dejando a un lado los títulos mundanos. Antes de entrar en *chashitsu* se enjuagan con agua las manos y la boca para purificarse. Esto también expresa el sentimiento japonés de que *chashitsu* es un lugar sagrado.

「茶室」と呼ばれる簡素な畳の部屋で行います。その入り口は，わざと小さく作られています。茶室は日常とは別の，聖なる空間と考えられていました。ですから，昔，武士は刀を外し，身をかがめて入りました。そこでは普段の肩書きを捨てて，謙虚な自分になれたのですね。茶室に入る前には水で手と口をすすいで身を清めます。これも茶室を聖なる場所と考える日本人の心の表れなのです。

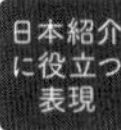

● (部屋に入るため) **身をかがめる → agacharse** (para entrar en la sala)

Ikebana (Arreglo floral)

生け花

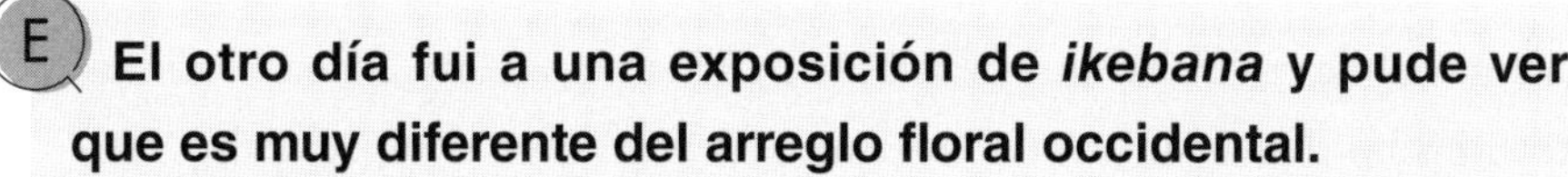

E **El otro día fui a una exposición de *ikebana* y pude ver que es muy diferente del arreglo floral occidental.**

先日，生け花の展覧会に行きましたが，西洋のフラワーアレンジメントとはずいぶん違うのですね。

J Bueno, ambas son artes para apreciar la combinación de flores y plantas. No obstante, me parece que en *ikebana* se refleja fuertemente la estética japonesa. En Occidente, usando flores en plena floración, se disfruta del colorido y la disposición. No es más que una obra para decorar interiores vistosamente. Sin embargo, en *ikebana* las obras mismas representan un microcosmos de la naturaleza y de la vida. Por eso todo, incluso las cosas consideradas de poco valor en Occidente, como las ramas secas o las hojas caídas, se utiliza gustosamente como material estético.

そうですね。どちらも花や植物を組み合わせて鑑賞する芸術です。でも，生け花には日本人の美意識が強く反映されているような気がします。西洋では盛りの花を使って，配置や色合いを楽しみますよね。それはあくまでインテリアに華を添える作品です。でも，生け花では作品自体が自然界や命そのものの縮図として表現されるのです。ですから枯れた枝や落ち葉など，西洋では価値が低いと思われるものも，すべてが美の材料として好んで使われます。

- 花や植物の組み合わせを**鑑賞する** → **apreciar** las combinaciones de flores y plantas
- 花の色合い**を楽しむ** → **disfrutar de**l colorido de las flores

Ahora que lo dices, había una obra con algunos pétalos esparcidos por el recipiente y me extrañó que no los retiraran.

そういえば，花びらが器の上に何枚か落ちている作品もありましたが，なぜどけないのか不思議でした。

Esa es la estética de los japoneses. Es natural que las flores se marchiten. Seguramente los japoneses ven superpuesto en el decaimiento de las plantas el de la vida misma. También marca una diferencia con Occidente el hecho de considerar como una parte de la obra el espacio alrededor de *ikebana*.

それが日本人の美意識なのですね。花が枯れるのは命の自然のなりゆきです。おそらく日本人は植物の盛衰に，人生のそれをも重ねて見ているのではないでしょうか。また，生け花の周りを囲む空間も作品の一部として大事にするところも，西洋とは違いますね。

●西洋との違いである → marcar una diferencia con ［ser diferente de］ Occidente

¿Es una cultura muy antigua?

古い文化なのですか？

Desde tiempos remotos ya existía en Japón la costumbre de poner flores como ofrenda. Cierto bonzo budista estableció los patrones y se extendió entre la nobleza. Esto ocurrió hace más de 500 años. Después, se crearon diferentes escuelas respetando la forma básica. En la actualidad aumentan las escuelas que dan bastante margen de libertad a la forma y a los materiales, por lo cual también practican *ikebana* muchos jóvenes y extranjeros más libremente.

もともと日本には，お供え物として花を生ける習慣が古くからありました。それをある仏教の僧侶が形式として確立し，上流階級の間に広まったのです。今から 500 年以上も前のことです。その後はさまざまな流派が生まれ，基本となる型が守られてきました。今では材料や形式をかなり自由に考える宗派も増え，若い人や外国人を含めて多くの人が気軽に楽しんでいます。

- はるか昔から → desde tiempos remotos
- （お供え物として）花**を捧げる** → **poner** [ofrecer] flores (como ofrenda)
- ～**に**自由裁量の余地**を与える** → **dar** margen de libertad **a**

第3章

Idiosincrasia

日本人の国民性

Limpieza de las aulas

教室の掃除

E **¿Es cierto que en Japón los alumnos de primaria y secundaria limpian las aulas?**

日本の小中学生が教室の掃除をするというのは本当ですか？

J Sí. Es habitual verlos haciendo la limpieza de sus propias aulas durante el recreo o tras terminar las clases siguiendo las directrices del profesor. Entre todos llevan los pupitres y las sillas a la parte trasera del aula y barren y limpian el suelo con un trapo. Luego colocan de nuevo todo en su sitio y vuelven a casa. Lo hacen a diario. En algunas escuelas limpian hasta los servicios.

はい。昼休みや授業の後，先生の指示のもとで自分たちの教室を掃除するのは日常的な風景です。みんなで机や椅子を教室の後ろに移動して，床を掃き，ぞうきんがけをします。最後に元に戻して，帰宅するのが日課になっているのです。学校によってはトイレの掃除まですするのですよ。

- 小中学生 → alumnos de (educación) primaria y secundaria
- **教室を掃除する → limpiar** las aulas
- （休み時間に）**掃除する → hacer la limpieza** (durante el recreo)
- 先生の指示**に従う → seguir** las directrices [las instrucciones] del profesor

E **En España esto sería impensable. Las escuelas son lugares para estudiar, ¿no? ¿Los padres no se quejan?**

スペインじゃ考えられませんね。学校は勉強するための場所でしょう？　親から文句は出ませんか？

J Por lo general, no. Será porque la limpieza se considera como una parte de la educación. En Japón tradicionalmente se ha venido dando importancia al espíritu de cooperación. ¿No te parece que hacer la limpieza colaborando juntos todos los días ayuda a fomentar el espíritu cooperativo y el sentido de la responsabilidad?

文句はあまり聞いたことがありません。掃除も教育の一環とみなされているからでしょう。日本では伝統的に協調性が重視されてきました。毎日みんなで協力しながら掃除をすることで，協調性や責任感が養えると思いませんか？

- 考えられない → ser impensable
- 協調性を重視する → dar importancia al espíritu cooperativo
- 責任感を養う → fomentar el sentido de la responsabilidad

E **Pues sí. A propósito, me da la impresión de que en Japón se mantiene el orden público aún en caso de grandes desastres. ¿Influye en ello la educación habitual?**

なるほど。そういえば，日本では大きな災害のときでも，公共の秩序が保たれている印象があります。これには普段の教育も影響しているのですか？

J Creo que influye en parte. Se celebran cada año fiestas deportivas en las escuelas. En ellas naturalmente se da importancia a la puntuación individual. Pero, se valora aún más la solidaridad en las competiciones en equipo. En la educación japonesa se aprecia mucho a la persona que puede contribuir al grupo cooperando con los demás. Si no son pocos los japoneses que acatan el orden público, quizá sea porque les han enseñado desde niños la importancia del espíritu de colaboración y de unión.

そう言えるかもしれませんね。学校には毎年，運動会という行事があります。そこでは，個人の成績も大切ですが，それ以上に団体競技における団結心が重視されています。日本の教育では，協調性を発揮してグループに貢献できる人が高く評価されてきました。日本で公共秩序を重んじる人が多いのも，子どものころから協調性や団結心の大切さを教えられてきたからかもしれませんね。

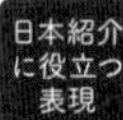

- 公共の秩序**を保つ** → **mantener** el orden público
- 運動会**を行う** → **celebrar** fiestas deportivas
- 団結心**を重視する** → **valorar** [apreciar] la solidaridad
- 団体競技 → competiciones en equipo［動詞：competir en equipo 団体で競技する］

43 A la estaca que sobresale le dan martillazos

出る杭は打たれる

E **¿Por qué los estudiantes japoneses no participan activamente en las clases?**

なぜ，日本人の学生は授業に積極的に参加しないのですか？

J Bueno, en comparación con los estudiantes occidentales, ciertamente muchos estudiantes japoneses prefieren no hacer preguntas o dar su opinión en público. Frecuentemente aunque el profesor haga una pregunta al aire nadie la contesta. Muchos, aun sabiendo la respuesta, a no ser que los nombren, no quieren contestar delante de los demás.

そうですね。欧米の学生たちと比べると，確かに人前で質問したり，発言したがらない日本人学生は多いですね。教師がクラス全体に質問しても，だれも答えないことも珍しくありません。たとえ答えがわかっていても指名されない限り，みんなの前で発言したくない人はたくさんいます。

- 授業に（積極的に）**参加する** → **participar** (activamente) **en** las clases
- （人前で）**意見を言う** → **dar su opinión** (en público)
- 学生を**指名する** → **nombrar a** los estudiantes

E **¿Cuál es la razón? ¿No produce alegría el poder contestar a una pregunta difícil?**

どうしてですか？　難しい質問に答えられたら，うれしいじゃないですか？

J Parecerá extraño, pero incluso un estudiante aventajado, para no destacar, a menudo no quiere contestar a las preguntas difíciles. Es que los japoneses se preocupan mucho de la opinión de los demás.

奇妙に思えるかもしれませんが，優秀な学生でも目立たないように，難問に答えたくないことはよくあります。日本人は人の目をとても気にするところがありますから。

- 質問に答える → **contestar a** una pregunta
- 優秀な学生だ → **ser** un estudiante aventajado [brillante]
- 授業で目立つ → **destacar** [sobresalir] en clase

¿Por qué?

なぜですか？

J En parte porque no quieren dar la impresión de que están alardeando de su propio talento delante de sus compañeros. Por supuesto que los japoneses también quieren lucirse en algunas ocasiones. Pero, como dice el refrán “a la estaca que sobresale le dan martillazos”, la modestia es altamente estimada. En Occidente lo más valorado es estar siempre dispuesto a mostrar su propia opinión, ¿verdad? Por eso en el aula todo el mundo da su opinión animadamente, así que a los japoneses que van a estudiar a Occidente les suele costar mucho participar activamente en la clase al no estar acostumbrados.

一つには，クラスメートに自慢していると思われたくないからでしょうね。日本人だって，人に自慢したい気持ちはあります。でも，日本には「出る杭は打たれる」ということわざがあり，謙虚さがとても尊重されるのです。欧米では積極的に自己主張することが何よりも評価されますよね？　だから，教室での発言も活発です。そこで，日本人学生が欧米に留学すると，授業で積極的に発言することに慣れていないため，苦労することが少なくないのですよ。

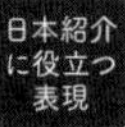

- 才能を自慢する → **alardear de** [presumir de] su talento
- 教室で目立つ → **lucirse** [destacar] en el aula
- 彼の謙虚さを評価する → **estimar** [valorar] su modestia

44 Consideración hacia los demás

気配り

E **Tengo entendido que cuando un profesor nativo pregunta en una clase de inglés a los estudiantes japoneses si puede apagar el aire acondicionado nadie suele contestar. ¿Por qué?**

英語の授業で，外国人の先生が教室で，冷房を消してもいいかと聞いても，だれも答えないことがよくあるそうですね。なぜでしょう？

J Esa es otra causa de que se piense que los estudiantes japoneses no se atreven a dar su opinión en clase. Si fuera una clase particular enseguida contestaría. Sin embargo, si hubiera muchos estudiantes es probable que ninguno respondiera. Seguramente esto se debe a que no se quiere molestar a los demás con la propia opinión. Es que en Japón siempre se espera que se tenga consideración hacia los demás.

こんなことからも，日本人学生は授業で積極的に発言しないと言われるのでしょうね。もしも，一対一の個人授業ならば返事はすぐに返ってくるでしょう。しかし，学生がたくさんいるような状況だと，確かにだれも発言しないかもしれません。これは，個人的な意見を述べて他の人に迷惑をかけたくないという気持ちが背景にありそうです。日本ではいつも気配りが求められているからですね。

- **思い切って**自分の意見を言う → **atreverse a** dar su opinión
- 個人**授業を行なう** → **dar clases** particulares
- （他人へ）**気配りする** → **tener consideración** [atenciones] (**hacia** los demás)

No comprendo bien. ¿De qué se trata?

よくわかりません。どういうことですか？

J Aunque cada uno de esos estudiantes tenga frío y crea que es mejor apagar el aire acondicionado no sabe qué es lo que piensan los otros. Por eso les cuesta tanto responder. Son muchos los japoneses a quienes les resulta difícil opinar si no saben la opinión de los demás.

質問された学生たちは，それぞれ自分は寒いから冷房を消してもいいと思っても，他の人がどう感じているかわかりません。だから答えにくいのだと思います。日本では，他の人たちの意見がわからないうちは自分の意見を言いにくいと感じる人が少なくないのです。

¿A qué se debe tal actitud?

どうしてですか？

J A que no querrán que piensen que ignoran el sentimiento de las personas que quizás tengan calor. En Japón se considera muy egoísta el insistir solamente en sus necesidades sin tener en cuenta el sentimiento ajeno. Por consiguiente, se sienten reacios a expresar su propia opinión antes de saber qué piensan los de su alrededor. De hecho, muchos japoneses tienen que hacer grandes esfuerzos para encontrar el equilibrio entre el sentimiento ajeno y la expresión del propio.

もしかしたら，暑いと感じている人がいるのに，その人の気持ちを無視していると思われたくないのでしょう。日本では，他の人の気持ちを配慮せずに，自分のニーズだけを主張することは身勝手な行為だとみなされます。だから周りの人の考えがわからないうちに，自分の意見を言うのに抵抗を感じるのでしょう。他の人の気持ちへの配慮と，自己主張のバランスをとるのに苦労している日本人は少なくないのですよ。

- 彼の気持ちを無視する → **ignorar** [no hacer caso de] su sentimiento
- 自分のニーズを主張する → **insistir en** sus necesidades
- ～するのに抵抗を感じる → **sentirse reacio/cia a** [no querer] ＋不定詞
- バランスを探る → **encontrar** el equilibrio

Repetición del agradecimiento

お礼は二回

E En Japón, ¿es normal dar las gracias no sólo en el momento en que le tratan bien a uno, sino también otra vez cuando se encuentran de nuevo?

日本では，親切にしてもらったときだけでなく，次に会ったときにもう一度お礼を言うそうですが，本当ですか？

J Así es. Los japoneses emplean a menudo la expresión de agradecimiento: “Gracias por lo del otro día”. Por ejemplo, supongamos que un día, por casualidad, te encuentras con tu antiguo profesor en la calle y te invita a tomar un café. No dices “gracias” solamente en ese momento. Si lo ves otra vez sin haber pasado mucho tiempo volverás a agradecérselo diciendo: “Gracias por lo del otro día”.

はい，そうです。日本人は「この間はどうも」という感謝の言葉をよく使います。たとえば，たまたま偶然，街で恩師に出会って，喫茶店でコーヒーをご馳走になったとします。その場で「ありがとう」と言うだけでなく，次回また先生に会ったとしたら，もう一度「この間はどうも」とお礼を言うと思います。

- お礼を言う → dar las gracias
- 招待客を大切に扱う → tratar bien a los invitados
- ～と仮定してみよう → supongamos que

E **¿Por qué hay que dar las gracias dos veces por algo que apenas tiene importancia? En el caso de un español, las daría si fuera un restaurante de categoría, pero no lo haría repetidamente por un simple café. Además, aunque a uno le digan: "Gracias por lo del otro día", no se acordará de qué día era.**

そんなことぐらいでなぜ二度もお礼を言うのですか？　スペイン人なら，高級レストランで食事をご馳走になったのならまだしも，コーヒーぐらいで何度もお礼を言いません。それに，「この間はどうも」って言われたって，いつのことかわからないじゃないですか。

J Es verdad que los españoles, excepto en casos especiales, no dan las gracias repetidamente. Es una pregunta difícil, pero, como los japoneses se preocupan extremadamente por mantener unas relaciones humanas armoniosas, quizás la expresión "gracias por lo del otro día" lleve consigo el deseo de querer estrechar más los lazos de las relaciones personales transmitiendo el sentimiento de que no ha olvidado ni olvidará que le haya tratado bien.

確かに，スペイン人がお礼を言うのは特別なケースを除いては，ふつうその場限りですよね。難しい質問ですが，日本人は円滑な人間関係の維持のために極端に気を配るところがあるので，「この間はどうも」というお礼で，「お世話になった恩はいつまでも忘れていませんよ」という気持ちを伝え，人間関係の絆を一層深めていきたいという願いを込めているのかもしれません。

- 人間関係の絆を**深める** → **estrechar** los lazos de las relaciones personales
- 感謝の気持ちを**伝える** → **transmitir** su agradecimiento

46 Saludos japoneses

日本的な挨拶

E ¿Es verdad que las esposas japonesas al ser presentadas a un superior de su esposo saludan diciendo: "Muchas gracias por tener atenciones con mi marido"?

日本人の奥さんって，夫の上司に紹介されると「主人がいつもお世話になっております」と挨拶するそうですが，本当ですか？

J En España normalmente no se dice tal cosa, ¿no? Sin embargo, en Japón es un saludo habitual. Además añaden: "Espero que a partir de ahora también continúe apoyándole". Si no saluda así es posible que sea considerada como una esposa sin sentido común.

スペインではあまりこのような言い方はしませんよね？　でも，日本ではごくふつうの挨拶です。さらに「これからもどうぞよろしくお願いします」と付け加えたりします。このように挨拶をしないと，常識がない妻だと思われてしまうかもしれません。

日本紹介に役立つ表現

- 上司に紹介されたとき → **al ser presentado/a** su superior
- 人々に気配りする → **tener atenciones** [consideración] **con** la gente
- 非常識な人と思われてしまう → **ser considerado/da como** una persona sin sentido común

E ¿Diría lo mismo en el caso de que el marido siempre le dijera que es un mal jefe? ¿No se piensa que está hablando con ironía?

もしも日ごろ，ご主人から嫌な上司だと聞かされていたとしても，こんなことを言うのですか？　嫌味を言っていると思われませんか？

No, en absoluto. Ya que es un mero saludo, el superior no va a buscarle un significado más profundo.

いいえ。単なる社交上の挨拶なので，上司も深い意味を詮索することはありません。

日本紹介に役立つ表現

- 嫌味を言う → **hablar** con ironía

¿Por qué se saludará de esta manera?

どうしてこんな挨拶をするのでしょう？

En las oficinas japonesas se da importancia primordial al trabajo en equipo. Se tiende a pensar que el trabajo se lleva a cabo como resultado de la cooperación mutua de los miembros del equipo, lo cual habría dado pie al desarrollo de este tipo de saludos para agradecer la cooperación habitual de la otra persona.

日本の職場ではチームワークがとても重視されています。それは，チーム内では互いの協力の成果として仕事が成立しているという認識が強いのです。だから，日本ではこのような相手の日ごろの協力を感謝する挨拶形式が発達したのかもしれません。

日本紹介に役立つ表現

- チームワークを（非常に）**重視する** → **dar importancia** (primordial) **al** trabajo en equipo
- その発展**にきっかけを与える** → **dar pie a** [causar] su desarrollo
- 日ごろの協力**を感謝する** → **agradecer** su cooperación habitual

47 Modestia

謙　遜

E **¿Por qué los japoneses hablan mal a menudo de su familia?**

なぜ日本人は，自分の家族の悪口をよく言うのですか？

J ¿Eh? ¿Hablan mal?

えっ，悪口ですか？

●家族の悪口を言う → hablar mal de su familia［反義：elogiar a ～をほめる］

E **Cuando se encuentran dos madres, las oigo a menudo quejarse de los defectos de sus hijos. Por ejemplo, cuando una dice: “El tonto de mi hijo no hace más que jugar al fútbol y no estudia nada de nada. Es admirable que tu hijo sea tan estudioso” y la otra le replica: “Mi hijo es un desastre en los deportes. Tu hijo sí que es un deportista excelente. Es envidiable”.**

お母さん同士で，それぞれの息子の欠点を嘆いているのをよく見かけます。たとえば，「うちの子は勉強しないでサッカーばかり。あなたのお子さんは勉強好きでいいわね」と言うと「うちのは運動がまるで苦手。あなたのお子さんこそスポーツ万能でうらやましいわ」と返事する，みたいな。

 ¡Ah! ¿Te refieres a eso? Es verdad que se puede oír con frecuencia tal conversación.

ああ！　そういうことですか？　確かによくありますね。

日本紹介に役立つ表現

- 彼の欠点を嘆く → quejarse de sus defectos［反義：virtudes 長所］
- スポーツが大の苦手 → ser un desastre en los deportes
- ～がうらやましい → ser envidiable

E **Al escucharlas me pregunto si verdaderamente piensan tal cosa. ¿A ti, qué te parece?**

聞いていて，本心からそう思っているのか疑問に思うこともあるのですが，どうですか？

J Pues, aunque no sea eso lo que piensan, hay muchas personas que hablan mal de sus hijos y alaban a los de los demás. En realidad, esto también es un tipo de modestia. En Japón se aprecia la humildad y, como caso extremado de ella, se suele elogiar a los otros y a su familia y hablar mal de la suya propia y de sí mismo. Rebajándose más allá de lo necesario muestran respeto hacia los demás. Sabiendo los japoneses que esto no es más que un saludo de cortesía, es de buenos modales negar el elogio recibido y, a su vez, alabar al otro. El hacer extensible la humillación también a la familia se debe a que se ha venido considerando tradicionalmente a esta como una unidad indivisible. A pesar de eso, seguramente no resulta muy agradable para el hijo cuya madre ha hablado mal de él.

そうですね。確かに，本心ではないのに表面上，自分の息子の悪口を言って，相手の息子をほめたりする人もよくいます。実はこれは謙遜の一種なのです。日本では謙虚さがとても重視されています。その極端なケースとして，自分や家族を卑下して，相手やその家族をほめることもよく行われるのです。必要以上にへりくだることで，相手への敬意を示しているのです。日本人は，これが儀礼的な挨拶だとわかっているので，ほめられたらそれを否定して，相手をほめ返すのがエチケットです。自分だけでなく，自分の家族も卑下するのは，日本では伝統的に家族は一心同体だと考えられてきたからでしょう。もっとも，お母さんに悪口を言われている息子にとってはあまりおもしろくないでしょうけれども。

- 謙遜さを重視する → **apreciar** la humildad [la modestia]
- （他の人たちに）敬意を表す → **mostrar respeto** (hacia los demás)
- ほめられたら否定するのが礼儀である → **ser de** buenos modales [buena educación] negar el elogio recibido

48 Regalos

贈り物

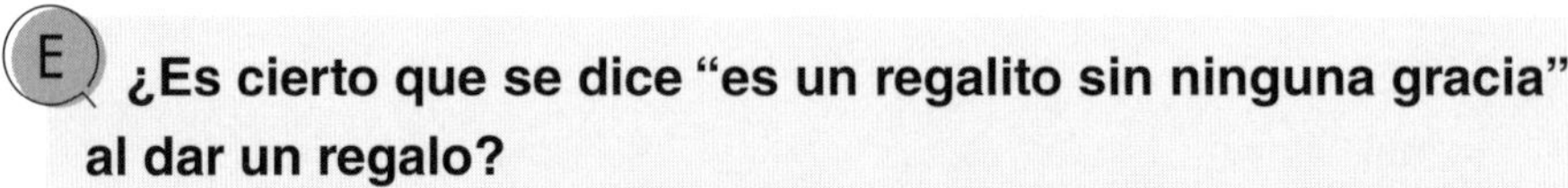

E ¿Es cierto que se dice “es un regalito sin ninguna gracia” al dar un regalo?

贈り物をするとき，「つまらないものですが」と言うのは本当ですか？

J Ciertamente resulta extraño decir que es un regalo sin gracia a pesar de haberlo elegido con sumo cuidado. No obstante, es algo muy similar a la expresión de modestia hablando mal de su familia que ya he mencionado. Quitándole importancia al regalo que uno hace muestra respeto hacia la otra persona.

はい。でも，せっかく心をこめて選んだプレゼントを，つまらないものと言うのは奇妙ですよね。でも，これも日本人が家族を卑下することで謙遜するのとよく似ています。自分が贈るものを卑下することで，相手への敬意を示しているのです。

日本紹介に役立つ表現

- （とても慎重に）プレゼントを選ぶ → **elegir** un regalo (con sumo cuidado)
- 謙遜表現を使う → **emplear** [usar] una expresión de modestia
- ～はそれほど重要でないとみなす → **quitar importancia a ～**

E ¿Desde cuándo se emplea tal expresión?

いつごろからそんな言い方をするようになったのですか？

J No se sabe muy bien, pero parece ser una reminiscencia de la época feudal. Entonces era normal que los inferiores hicieran un regalo a los superiores para agradecerles algo. Usando esa expresión querrían decir: "será un regalo que no está a la altura de una persona tan importante como usted, pero…".

はっきりしませんが，封建時代の名残のようです。当時は，身分の下の者が上の者に，普段の恩義に感謝して何かを贈るのが一般的だったそうです。「あなたのように素晴らしい人から見ればつまらないものかもしれませんが…」という気持ちが込められていたようです。

●封建時代のなごりだ → ser una reminiscencia [un recuerdo] de la época feudal
●～と同じレベルにある → estar a la altura de [al nivel de] ～

E **Si al regalar fruta de primera calidad se dice que es algo insignificante, ¿no parecerá irónico? Es como si deseara que le dijeran : "¿De veras? ¿A pesar de ser algo tan caro?"**

高価なフルーツを渡すとき「つまらないものですが」と言ったら，嫌味だって思われませんか？　まるで，「えっ？　こんなに高いものなのに？」って言わせたいみたいで。

J Nadie va a pensar así. Si cuando regalas vino dices "es un vino francés de primera", la otra persona se sentirá en deuda contigo. De todos modos, cada vez hay más japoneses que no ven bien que se humille uno más de lo necesario. De hecho, en la actualidad, son bastantes las personas a quienes no les agrada la expresión "es un regalito sin ninguna gracia…".

そんな発想はありません。ワインを贈るとき「これはフランスの最高級ワインなんですよ」なんて言ったら，相手は恐縮してしまうでしょう。しかし，日本人でも謙遜して必要以上にへりくだることに抵抗を感じる人も増えています。実際，今では「つまらないものですが…」という表現に違和感を感じる人も少なくないようです。

●彼に負い目［借り］を感じる → sentirse [estar] en deuda con él
●（必要以上に）へりくだる → humillarse [rebajarse] (más de lo necesario)

49 Disculpas

謝　罪

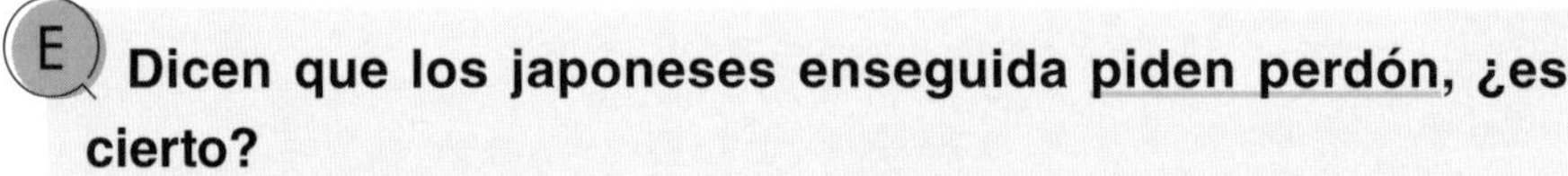

E Dicen que los japoneses enseguida piden perdón, ¿es cierto?

日本人はすぐ謝ると言われていますが，それは本当ですか？

J En Japón, cuando en un restaurante tardan en traerte la comida, te hacen esperar en la caja o ya no tienen el plato que pediste, si el empleado no te dice "lo siento mucho" se considera que su atención al cliente es malísima. Eso se debe al pensamiento japonés de que es de buena educación decir enseguida "perdón" a la persona a la que se ha molestado, aun en el caso de que uno no sea responsable directamente. Por eso, muchos japoneses se sorprenden al viajar por el extranjero ante la falta de expresión de perdón en diversas ocasiones.

日本では，レストランで注文したものがなかなか出てこなかったとき，レジで待たされたとき，注文した商品が品切れだったとき，お店の人が「大変申し訳ございませんでした」と言わないと，ずいぶん接客態度が悪いと思われてしまいます。相手に迷惑をかけた人は，直接自分に責任がないときでも，とりあえず「すみません」と言うことが日本では礼儀正しい行為だと思われているからです。だから，外国旅行をしていると，いろいろな場面で謝罪の言葉がないことに驚きを感じる日本人は少なくありません。

- 謝る → pedir perdón［disculpas］
- 接客する → atender a los clientes［名詞：atención a los clientes 接客］
- 謝罪の言葉が不足する → faltar expresiones de perdón［名詞：falta 欠如］

E **¿Por qué piden perdón aunque piensen que no han hecho nada malo?**

なぜ，自分が悪いと思っていなくても，謝るのですか？

J En la mayoría de los casos, no es que la persona que dice "perdón" se esté declarando culpable. Se podría decir que en japonés "perdón", más que una expresión de disculpa, es una especie de saludo que funciona como aceite lubricante de la conversación. El adelantarse a decir "perdón" por sí mismo implica que se comprende lo mal que se siente la otra persona.

多くの場合，「すみません」と言っている人が自分の有罪宣言をしているわけではありません。日本語の「すみません」は，謝罪の言葉というよりむしろ会話の潤滑油として働く挨拶のようなものなのです。まず，自分から「すみません」ということで，相手がどれほど困っているかを心情的に理解していることを示すのです。

日本紹介に役立つ表現

- 自分の罪**を認める** → **declararse** culpable
- 会話の潤滑油**として働く** → **funcionar como** aceite lubricante de la conversación

E **¿Qué pasa cuando se trata de algún problema profesional?**

仕事のトラブルではどうですか？

J En los problemas relacionados con el trabajo también a veces se ve a dos personas que se dicen "perdón" mutuamente. Haciendo tal saludo antes de buscar al responsable del problema, pretenden que las negociaciones se desarrollen en un ambiente amistoso. El "perdón" japonés es una palabra conveniente que sirve para facilitar las relaciones humanas.

仕事でトラブルが起こったときも，まず，第一声として「すみませんでした」と言い合っている場面を目にすることがあります。問題の責任の所在を追及する前に，この挨拶を言って穏便な交渉にしたいからです。日本語の「すみません」は人間関係の潤滑油として使われる便利な言葉なのです。

日本紹介に役立つ表現

- 問題の責任者**を追及する** → **buscar al** responsable del problema
- 人間関係**を良好にする** → **facilitar** las relaciones humanas［反義：dificultar 困難にする］

50 Quejas

苦　情

E **¿Es verdad que muchos turistas japoneses no se quejan cuando encuentran algunos problemas en la habitación de su hotel en el extranjero?**

日本人は海外旅行で，ホテルの部屋に何か問題があっても文句を言わない人が多いというのは本当ですか？

J Es posible. Algunos no se atreven a quejarse por la dificultad del idioma. Pero es verdad que los japoneses tienden a evitar las quejas cara a cara en diversas ocasiones. Si algún vecino de piso pone la música muy alta por la noche, en España sería normal que le dijeran directamente que no hiciera ruido. En cambio, en Japón muchos pedirían al casero o a la empresa administradora que hiciera algo.

そうですね。言葉があまり通じないのも原因の一つかもしれません。でも確かに，日本人はいろいろな場面で面と向かって苦情を言うのを避ける傾向があります。たとえば，スペインだとマンションで隣人の音楽がうるさければ，その人に直接文句を言いますよね。日本だと，管理会社や大家さんに相談する人が多そうです。

- （面と向かって）**苦情を言う**〈1〉 → **quejarse** (cara a cara)［名詞：queja 苦情］
- 大音量で音楽**をかける** → **poner** la música muy alta
- 大家さんに**相談する** → **consultar con** el casero

E **Es decir, se transmiten las quejas indirectamente, ¿verdad?**

つまり，苦情は間接的に伝えるのですね？

J Sí. Por ejemplo, muchos turistas que no se quejaron en el hotel, al regresar a Japón publican sus quejas en los sitios web de turismo o en las redes sociales diciendo que jamás volverían a usar tal alojamiento.

はい。先ほどの海外旅行の例だと，その場で文句は言わなくても，帰国後に旅行サイトや SNS で，「二度と行きたくない」などと書いているのをよく見ます。

- （間接的に）苦情**を伝える** → **transmitir** las quejas (indirectamente)

E **¿Por qué no expresan lo que sienten directamente en ese momento?**

なぜ，直接相手に苦情を伝えないのですか？

J Es una pregunta difícil de contestar. Si uno dice las quejas en la cara es probable que hiera el sentimiento del otro. Me parece que muchos japoneses quieren evitar tal situación. En el caso de los españoles, aunque discutan con alguien, es frecuente ver que después esas personas siguen tratándose como si nada hubiera pasado. Sin embargo, a los japoneses, les resulta difícil restablecer el trato tras una discusión, por lo tanto querrán evitar una actitud agresiva hacia las personas con quienes existe la posibilidad de seguir tratándose.

難しい質問ですね。面と向かって苦情を言うと，相手を傷つけてしまいそうです。だから日本人はこのような事態を避ける人が多いような気がします。スペイン人は仮に激しい議論になったとしても，その後，何事もなかったように付き合うケースもよく見ます。しかし，日本人だと口論の後の関係修復は難しく感じます。だから今後も付き合う可能性のある人に対して，攻撃的な言動はできるだけ避けたいと考えるのでしょう。

- （面と向かって）苦情**を言う**〈2〉 → **decir** las quejas (en la cara) [cara a cara]
- 彼の気持ち**を傷つける** → **herir** su sentimiento
- （口論の後）関係**を修復する** → **restablecer** el trato [las relaciones] (tras una discusión)

51 Espíritu reservado

遠　慮

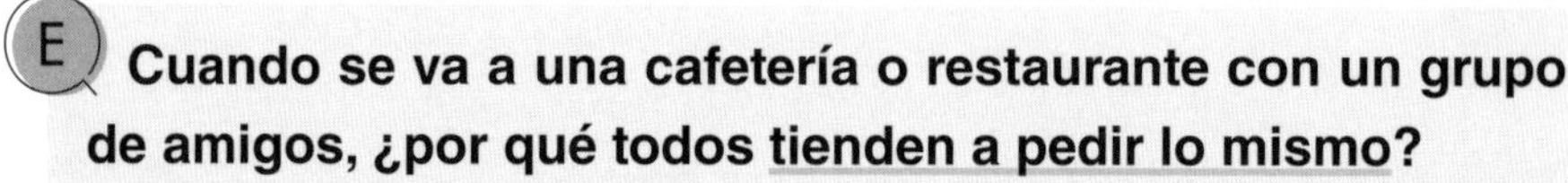

E **Cuando se va a una cafetería o restaurante con un grupo de amigos, ¿por qué todos tienden a pedir lo mismo?**

友人グループで喫茶店やレストランへ行ったとき，なぜみんなよく同じ物を注文するのですか？

J En España, cada uno pide lo que quiere, ¿verdad? En Japón, en principio, es así también. Sin embargo, no es raro que todos pidan lo mismo que la primera persona. En tal caso, a uno le parece que no está bien pedir algo diferente a todos. Ciertamente resulta extraño. Posiblemente sea movido por el sentimiento de reserva.

スペインでは，自分が欲しいものをそれぞれ注文しますよね？　日本でも基本的には同じです。でも，最初の人が何か注文すると，他の人たちもみな同じものにすることも珍しくありません。そういうときは，自分だけ違うものを注文するのが悪いような気がしてくるのです。確かに不思議ですね。ここには，遠慮の気持ちが出ているのかもしれません。

●同じものをよく注文する → tender a ［soler］ pedir lo mismo

E **¿Cómo es eso?**

どういうことですか？

J Este espíritu de reserva significa abstenerse de hacer algo cuando existe posibilidad de molestar a los demás. Hay multitud de japoneses reservados. Si en un restaurante cada cual pide una cosa distinta se tarda tiempo, ¿no? Por eso, a veces, se hace uso, hasta cierto punto, de tal reserva y se tiende a pedir lo mismo.

遠慮とは，相手に迷惑がかかる可能性があるとき，自分の行動を控えることです。日本人には遠慮深い人が少なくありません。レストランでそれぞれが別のものを注文すると，時間がかかりますよね？　そこで，少し遠慮して，同じものを注文しよう，という心理が働くことがあります。

●違うものを注文する**ことを控える** → **abstenerse de** pedir algo diferente

●遠慮深い**人だ** → **ser una persona** reservada

E **¿Por qué? Ya que paga como cliente no es normal que uno no pida lo que realmente quiere.**

どうしてですか？　客としてお金を払うのだから，本当に欲しいものを注文しないなんておかしいですよ。

J Sí, así es. Me da la impresión de que son muchos los japoneses que quieren evitar comportarse de forma diferente a los demás. Por otra parte, no quieren molestar a los otros haciéndoles esperar para determinar su pedido. Esta debe de ser también una muestra del habitual espíritu japonés de consideración hacia los demás.

そうですね。日本人はやっぱり，周りの人と違う行動をとるのに抵抗を感じる人が多いようです。それに，自分が迷っていると周りの人を待たせてしまうので，そんな迷惑はかけたくないという気持ちもあります。こんなところにも，絶えず気配りをする日本人の性格が表れているのかもしれません。

●他の人と違った**振る舞いをする** → **comportarse** de forma diferente de los demás

052

52 Comunicación sin palabras

以心伝心

E **Por cierto, muchos japoneses no dicen claramente lo que quieren, ¿no?**

ところで，日本人は自分の欲求をはっきり言わない人が少なくないですね？

J Así es. Esto también tendrá que ver con el espíritu reservado. Los estudiantes japoneses que van a España para aprender la lengua suelen vivir con una familia. Estas familias acogen a estudiantes de diversos países, pero los japoneses tienen mucha aceptación. Seguramente será porque no se quejan mucho y exigen poco.

そうですね。これも遠慮の一種でしょう。スペインへ語学留学する日本人はよくホームステイをします。ホストファミリーは各国の学生を受け入れていますが，日本人は人気があります。きっと，文句や要求が少ないからでしょうね。

- ホームステイする［家族と暮らす］→ **vivir con** una familia
- （いろいろな国の）学生を受け入れる → **acoger** [aceptar] **a** estudiantes (de diversos países)
- 人気がある → **tener** aceptación [popularidad]

E **Entiendo. Y, entonces, si no manifiestan sus sentimientos a través de las palabras, ¿cómo pueden llegar a comunicarse?**

なるほど。ところで，自分の気持ちをはっきり言葉で表現しないで，どうしてコミュニケーションが成立するのでしょう？

J Ante la carencia por parte de muchos japoneses de la expresión verbal de las quejas y los deseos en consideración a los demás, pienso que se ha llegado a apreciar mucho la capacidad de captar el sentimiento ajeno. Surgió la necesidad de actuar para complacer a los demás tratando de intuir los deseos y sentimientos no expresados con palabras. En Japón tal forma de transmisión del pensamiento sin palabras es llamada *ishin denshin*.

相手に遠慮して，苦情や要求を言葉で表現しない人が多いだけに，日本では相手の気持ちを察する能力が重視されるようになったのだと思います。言葉に表れない気持ちや要求を察して，相手が喜ぶように対応することが求められるようになったのです。日本ではこのような言葉を使わない意思伝達を「以心伝心」と呼んでいます。

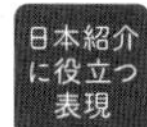

- 気持ちを表現する → **manifestar** [expresar] su sentimiento
- 人の気持ちを察する → **captar** [intuir] el sentimiento ajeno
- 人を喜ばせる → **complacer** [hacer felices] **a** los demás

E ¿Por qué en Japón se ha hecho posible la comunicación sin palabras?

日本では，なぜ以心伝心が可能なのでしょう？

J En una sociedad multirracial con una amalgama de culturas como la occidental sólo es posible la transmisión de los deseos y sentimientos hablando explícitamente. A su vez, Japón, al ser un archipiélago, tiene relativamente el mismo trasfondo cultural, lo cual facilita que haya más ocasiones de comprender el sentimiento sin palabras, creo yo. El dar importancia a la comprensión tácita en la cultura japonesa tal vez se deba a tal trasfondo social.

欧米のような多民族国家でさまざまな文化が混在する社会では，気持ちや要求ははっきり言葉で表現しない限り伝わらないでしょう。しかし，日本は島国で，文化的背景も比較的同質的です。言葉で表現されなくても気持ちが通じる機会はずっと多いように思えます。日本文化が察し合いを大切にするのには，そんな社会的背景があるからかもしれません。

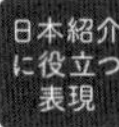

●多民族社会に**生きる** → **vivir en** una sociedad multirracial [multiétnica]
●はっきりと**話す** → **hablar** explícitamente [con claridad]
●同じ文化的な背景**を持つ** → **tener** el mismo trasfondo cultural

53 Captar el ambiente

空気を読む

¿Qué significa *kuuki o yomu*?

「空気を読む」ってどういうことですか？

J En este caso *kuuki* es el sentimiento de las personas y el ambiente que se genera al reunirse la gente. Captar este ambiente y sentimiento que no se expresan verbalmente es lo que se llama *kuuki wo yomu*. En Japón, donde se considera una virtud la comunicación sin palabras, el decir que alguien no puede captar *kuuki* equivale a la crítica de que es poco sociable y una persona sin sentido común.

この場合,「空気」は人々が集まったときに生じるその場の雰囲気や人々の気持ちのことです。言語化されていないこれらの雰囲気や気持ちを察することを「空気を読む」と言います。以心伝心を美徳とする日本では,「空気」が読めないと言われることは,社会性が低い，非常識な人間だと非難されることを意味しています。

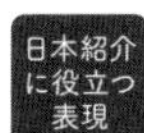

日本紹介に役立つ表現

- 空気を読む → **captar** el ambiente
- （言葉で）何かを表現する → **expresar** algo (verbalmente [con palabras])
- 社交的だ → **ser** sociable［反義：poco sociable 非社交的］

Parece una crítica muy dura. ¿Resulta tan fácil captar *kuuki*?

なんだか厳しいですね。「空気」ってそんなに簡単に読めるものなのですか？

J Tratándose de amigos no es difícil captar *kuuki* al tener muchas experiencias en común. Sin embargo, si, por ejemplo, se cambia de empleo y se entra en un nuevo entorno profesional no es extraño que aun los japoneses tengan dificultades para captar *kuuki* correctamente. A mi parecer, es un fenómeno típico de Japón que se publiquen tantos libros con instrucciones explicando los trucos para captar el ambiente.

親しい人たちの間でならば共通の経験も多く，「空気」を読むのは難しくありません。でも，転職などで新しい職場環境に入ると，日本人だって「空気」を上手く読めないで苦労することは珍しくありません。空気を読むコツを説明したマニュアル本がたくさん出版されているのも，日本的な現象だと思います。

- 共通の経験を**持つ** → **tener** experiencias en común
- （新しい）職場環境**に入る** → **entrar en** un (nuevo) entorno profesional
- （～するための）コツを**説明する** → **explicar** los trucos（para ＋不定詞）

E En resumidas cuentas, en Japón captar *kuuki* es una condición imprescindible para manejarse en la sociedad adulta, ¿verdad?

つまり日本では「空気」を読めることが社会人の必須条件なのですね？

J Si, pero, últimamente se empiezan a señalar los efectos nocivos de captar *kuuki*. Se dice que a los japoneses se les da mal expresarse con palabras por emplear toda su energía en captar *kuuki*. En la actualidad, con el avance de la globalización, aunque se tenga la esperanza de que las personas de otras culturas nos comprendan sin palabras, resulta difícil la comprensión mutua. Incluso en Japón, donde se da importancia a la comprensión sin palabras, se aprecia cada vez más la facultad de poder reivindicar algo con lógica.

はい，ただ，最近は「空気」を読むことの弊害も指摘されるようになってきました。「空気」を読んでばかりいるから，日本人は言語による自己表現が苦手だというのです。グローバル化が進行する現在，異なる文化圏の人々に察してもらうことを期待しても，なかなか理解し合えません。以心伝心を大切にする日本でも，論理的に自己主張する能力の重要性は日増しに高まってきています。

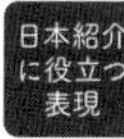

- つまり → en resumidas cuentas [es decir]
- 社会人として**やっていく** → **manejarse** [arreglárselas] en la sociedad adulta
- 私は（言葉で）自分を表現する**のが苦手だ**。 → **Se me da mal** expresarme (con palabras). [反義：Se me da bien 得意だ]

54 Asentir con la cabeza

相づち

Al conversar, los japoneses mueven mucho la cabeza verticalmente, ¿no?

日本人の会話って，相づちが多いですよね？

Pues, sí. Comparando con los occidentales, me parece que asienten mucho más. En Japón, cuando alguien habla, es frecuente ver a todos los que lo escuchan asintiendo con la cabeza. Se podría decir que es una forma peculiar de hablar de los japoneses.

そうですね。会話における相づちの頻度は欧米人に比べてずっと多いと思います。ある人が話していると，周りの人がみんなうなずきながら聞いている光景を日本ではよく見かけます。これは日本人独特の会話スタイルと言えそうです。

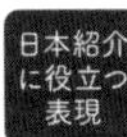

- 相づちを打つ［（頭を動かして）**同意する**］→ **asentir** (con la cabeza)
- 独特な**話し方をする** → **hablar** (de una forma peculiar)

¿Por qué asentirán tanto con la cabeza?

なぜ相づちがそんなに多いのでしょう？

Por lo general, los japoneses no manifiestan su desacuerdo desde el principio. Muchas veces tratan de mostrar primero empatía diciendo, por ejemplo: "¡Ah!, existe tal forma de pensar". Creo que el asentimiento de cabeza de los japoneses implica este sentimiento.

一般的に日本人は，最初から相手の意見を否定することはめったにありません。「なるほど，そんな考え方もあるのですね」とまず共感を示す人が多いのです。この共感の気持ちが相づちとなって表れるのだと思います。

日本紹介に役立つ表現

●反対を表明する → **manifestar** su desacuerdo［反義：acuerdo 同意］
●共感を示す → **mostrar** empatía［una actitud de compresión］

E O sea que el asentir con la cabeza no siempre significa que esté de acuerdo con lo que acaba de oír, ¿es así?

つまり，相づちが同意を意味するとは限らないのですね？

J Eso es. A menudo los extranjeros interpretan erróneamente este sentido. Muchas veces les oímos hablar de su perplejidad al descubrir que, tras asentir repetidas veces con la cabeza, los japoneses no estaban realmente de acuerdo con ellos como habían pensado. En algunas ocasiones, los japoneses, aunque no estén de acuerdo, manifiestan en primer lugar su atención hacia el hablante mediante el asentimiento de cabeza y, a continuación, expresan indirectamente su opinión contraria. Si el interlocutor no está convencido, intentan hacerlo de otra forma. De este modo, la conversación japonesa conlleva una búsqueda conjunta para llegar a un acuerdo evitando la confrontación mutua. Será porque hay muchos japoneses que creen que el acuerdo es más fácil de lograr si hay un ambiente amistoso sin enfrentamientos, la misma creencia en que se basan al pedir perdón enseguida.

はい。ここが外国人に誤解されやすいところです。日本人が何度も相づちを打つので同意していると思ったら，実はそうではなくて困惑したというエピソードをよく聞きます。日本人は，自分の意見が異なるときもまず相づちで相手に共感を示してから，反対意見を婉曲的に述べることがあります。それで相手が共感を示さなければ，別の表現を探したりします。このように，日本人の会話には，相手との対立を避け，共感できる部分を探り合う共同作業のような側面があります。日本人がすぐに謝るのと同じで，対立を避け友好的な雰囲気を作れば，最終的な合意が得られやすいと考える人が多いからかもしれません。

●困惑する → quedar(se) perplejo/ja［名詞：perplejidad 困惑］
●話し相手を説得する → convencer al interlocutor
●対立を避ける → evitar la confrontación［el enfrentamiento］

055

Represión del sentimiento

感情の抑制

E **Muchos japoneses no quieren mostrar su sentimiento de tristeza, ¿verdad? Tras el gran terremoto, pude ver que muchas personas que habían perdido a sus familiares contestaban a una entrevista sin alterarse. A veces no sabía si realmente estaban tristes.**

日本人って，悲しみの感情を外に表さない人が多いですよね？　大震災の後，肉親を失った人のインタビューで落ち着いている人をたくさん見かけました。本当に悲しんでいるのかわからなくなったこともあります。

J Es cierto. En las noticias del extranjero se puede ver con frecuencia a personas que lloran gritando desconsoladas por la pena de haber perdido a sus familiares. Diré de paso que, en el caso de los japoneses, aun quienes no muestran la tristeza delante de los demás, al quedarse solos se deshacen en llanto.

そうですね。外国のニュースを見ていると，家族を失った悲しみで，大声で泣き叫ぶ人たちをよく見かけます。ちなみに，日本人の場合は，人前では悲しみを見せない人でも，一人になると泣き崩れたりしているのですよ。

- 悲しみの感情**を表す** → **mostrar** su (sentimiento de) tristeza
- 肉親**を失う** → **perder a** sus familiares
- （落ち着いて）インタビュー**に答える** → **contestar a** la entrevista (sin alterarse [tranquilamente])

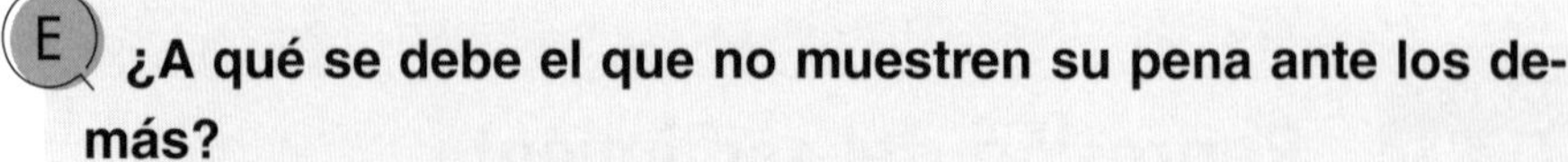

¿A qué se debe el que no muestren su pena ante los demás?

なぜ，人前では悲しみを見せないのですか？

J Será porque, en Japón, expresar vivamente el sentimiento delante de los demás puede ser tomado como una falta de consideración.

日本では，人前で感情を強く表現することは配慮が足りない行為とみなされる可能性があるからかもしれません。

日本紹介に役立つ表現

●そのことを配慮に欠けるとみなす → tomarlo [considerarlo] como una falta de consideración

¿Por qué es una falta de consideración?

なぜ配慮が足りないのですか？

J Pensemos, por ejemplo, que tras el tsunami solamente se salvó nuestra familia. Si en ese momento uno se alegra exageradamente, ¿qué pensarán los que perdieron a sus familiares? En tal caso muchos japoneses evitan mostrar regocijo ante los demás. Asimismo, entre los que perdieron algún familiar, hay quienes piensan que no es apropiado cuando todos están sufriendo que solamente uno mismo se lamente de su pena con exageración. Y, dicho sea de paso, en Japón, en una situación trágica, se compadecen más bien de la persona que refrena su sentimiento. A mi parecer, esto es porque podemos comprender emocionalmente lo mal que lo está pasando aunque se esté portando con entereza.

たとえば，津波の後，自分の家族だけが助かったとします。そのとき，人前で大袈裟に喜んだら，肉親を失った人はどう思うでしょうか？　だからそんなとき，多くの日本人は人前では喜びの感情を抑えようとします。同様に，家族を失った人も，みんなが苦しんでいるとき自分だけが大げさに嘆き悲しむことは不適切だと考える人もいます。ちなみに，日本では，悲劇的な場面で，感情を抑えている人にむしろ同情が集まるのです。どれほどつらい思いをしながら気丈に振る舞っているかが，心情的に共感できるからではないでしょうか。

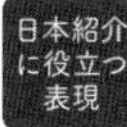

- （おおげさに）自分の悲しみ**を嘆く**→ **lamentarse de** su pena (con exageración)
- 感情**を抑える** → **refrenar** [reprimir] su sentimiento
- 気丈に**振る舞う** → **portarse** con entereza [firmeza]

56 *Sempai y kouhai*

先輩と後輩

¿Qué significa *sempai*?

「先輩」って何ですか?

J Se usa ese nombre para designar a las personas que entraron en la misma escuela o en el mismo lugar de trabajo antes que uno. Por el contrario, a los que entraron después se les llama *kouhai*. En Japón existe algo así como una regla tácita de que los *kouhai* deben tratar respetuosamente a los *sempai*. Este concepto enlaza con la doctrina moral de que se debe respetar a los mayores ya que los *sempai* suelen tener más edad que los *kouhai*. Como este pensamiento es muy fuerte en Japón, si éstos no se dirigen a los *sempai* en lenguaje formal generalmente se los mira con desprecio. Asimismo, se suele considerar descortés enfrentarse verbalmente a los *sempai*, por lo que tienen mucho cuidado al decir su opinión.

同じ学校や職場で自分よりも先に入った人を「先輩」と呼びます。それに対して,自分よりも後に入った人は「後輩」と言います。日本では,「後輩」は「先輩」に敬意を持って接するべきだという暗黙の決まりのようなものがあるのです。ふつう,「先輩」は「後輩」より年上なので,年上の人を敬うべきだという道徳観にもつながっています。日本ではこの意識がとても強く,「後輩」は「先輩」に対して敬語を使わないと,ひんしゅくを買うことが少なくありません。また,「先輩」に反論することは失礼だとみなされやすいので,意見を言うときにも気を遣うのです。

●年長者に(敬意を持って)**接する** → **tratar** (respetuosamente [con respetarlo]) **a** los mayores

●年長者に（敬語で）話しかける → dirigirse [hablar] a los mayores (en lenguaje formal)
● （彼らに）強く反論する → enfrentarse verbalmente (a ellos) [discutir fuertemente (con ellos)]

E **¡Qué extraño! En España no existe tal diferenciación. Habrá *sempai* buenos y malos. ¿Por qué tienen que tratar respetuosamente a todos indiscriminadamente?**

なんだか変ですね！　スペインには，そんな区別はありません。「先輩」だっていろいろな人がいるでしょうに，なんで無条件に尊敬するのですか？

J Al parecer, en Japón cada vez hay más gente a quienes no les convence del todo esta costumbre. Creo que la mayoría de los japoneses respeta esta costumbre, sin importar si realmente sienten respeto hacia ellos o no, porque al actuar respetuosamente las cosas marchan mejor en la sociedad.

日本でも，この習慣に違和感を持っている人が増えてきているようです。実際に尊敬しているかどうかは別にして，尊敬しているように振る舞うほうが社会生活がスムーズに運ぶので，多くの日本人はこの習慣を尊重しているのだと思います。

●彼を尊敬している → sentir respeto hacia él [respetarlo]
●物事が（もっと）スムーズに運ぶ → marchar [ir] (mejor) las cosas

E **¡Qué suerte tienen los *sempai*!**

「先輩」は気楽でいいですね！

J ¡No, no! La condición para ser un buen *sempai* es cuidar a los *kouhai* y darles buenas directrices. Los que hacen lo que quieren sin preocuparse de los demás son mal vistos, tanto en Japón como en España.

そんなことはありません！　「後輩」の面倒をよくみて，しっかり指導できるのが，よい「先輩」の条件なのです。自分勝手な人が嫌われるのは，日本もスペインも同じです。

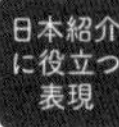

●彼らの**面倒をみる** → **cuidar**los

●（彼らを）（よく）**指導する** → **dar**(les) (buenas) **directrices** [instrucciones]

●悪印象**だ** → **ser** mal visto/ta

57 Preacuerdo

根回し

Ⓔ Se dice que en Japón lleva mucho tiempo llegar a un consenso en las reuniones, pero, en realidad, ¿es posible llegar a un acuerdo total?

日本では，会議でコンセンサスをめざすため時間がかかるとのことですが，そもそも全員が合意に達することなんて可能なのでしょうか？

Ⓙ Precisamente por ser eso algo tan difícil, es muy importante realizar un ajuste antes de la reunión. En Japón esto es llamado *nemawashi*. Antes de las reuniones en las que se va a tomar una decisión importante, es normal que se lleve a cabo *nemawashi*, o sea, la búsqueda de un acuerdo previo.

それが難しいからこそ，会議前の事前調整が大切になるのです。日本ではこれを「根回し」と呼んでいます。大きな決断を伴う会議の前では，よくこの「根回し」が行われます。

- コンセンサスを得る → **llegar a** un consenso [un acuerdo]
- 調整を行う → **realizar** un ajuste
- （重大な）決定を行う → **tomar una decisión** (importante)
- 根回しする［（事前の）合意を探る］→ **buscar** un acuerdo (previo)

Ⓔ ¿Cómo se realiza?

それはどのようなものですか？

Ⓙ Antes de la reunión, la persona que propone el proyecto tiene un encuentro con todos los encargados interesados por separado. Al no ser esta una reunión oficial, es mucho más fácil sonsacarles lo que piensan. Si encuentran algún problema que le impida al otro hacer concesiones, modifica la propuesta de forma que sea más aceptable. Tal operación se lleva a cabo con todos y cada uno de los interesados, por lo cual la propuesta final resulta más aceptable para todos.

原案の提案者は，会議の前に関係部署の担当者全員と個別に協議します。この協議は非公式なものなので，相手の本音も引き出しやすくなります。相手が譲歩できない問題点が見つかった場合は，受け入れられやすい修正案の作成を試みます。これを各部署の担当者全員と行うので，最終案は全員が受け入れやすいものになっているわけです。

- 計画を提案する → **proponer** un proyecto
- （彼らから）本音を引き出す → **sonsacar**(les) [sacarles] lo que piensan
- （彼らに）譲歩する → **hacer**(les) **concesiones**

E **¡Ah! ¡Ya entiendo! Esa propuesta final es la que se presenta en la reunión, ¿verdad?**

ああ，なるほど！　その最終案が会議にかけられるわけですね？

J Así es. Por consiguiente, si el ajuste anterior del preacuerdo ha tenido éxito, no habrá grandes discusiones en la propia reunión y se suele aprobar el proyecto en un corto tiempo. Este estilo de toma de decisiones tiene la desventaja de que se requiere mucho tiempo para los ajustes previos. Sin embargo, tiene la ventaja de que, una vez aprobado el preacuerdo, se puede llevar a cabo con rapidez al contar con el apoyo de todos.

はい。ですから，根回しによる事前調整が成功している場合は，会議自体では大した議論も行われずに，短時間で原案が承認されることも珍しくありません。このような意志決定スタイルは，事前調整にずいぶん時間がかかるという欠点はありますが，一度決定されると，関係者の合意があるだけに速やかに実行できることが利点になっています。

●意思決定のスタイル → estilo de toma de decisiones
●〜という**欠点がある** → **tener la desventaja de 〜**
●〜という**利点がある** → **tener la ventaja de 〜**

58 Moderación

中　庸

E **¿Qué significa *chuuyou*?**

「中庸」って何ですか？

J Se usa para indicar un punto de vista que ante diferentes formas de pensar respeta no las extremadas, sino las moderadas y neutrales. Esta postura moderada se aprecia también en la cultura occidental, pero, a mí parecer, en Japón se le ha venido dando aún más importancia.

いろいろな考え方があるとき，極端なものでなく，穏健で中立的なものを尊重する価値観を「中庸」と言います。「中庸」は西洋文化でも評価されますが，日本ではそれ以上に重要視されてきたと思います。

E **¿Por qué?**

それはなぜでしょう？

J Las opiniones extremadas crean fácilmente opiniones enfrentadas. Ya que en Japón se da importancia a la armonía, son apreciadas las personas apacibles que saben valorar la moderación. Es por eso que la mayoría de los líderes japoneses son del tipo de los que prefieren hacer ajustes antes que tomar una decisión de arriba abajo. Tal tipo de líderes está bien considerado por tener habilidad para escuchar diversas opiniones y hacer valer la parte buena de ellas teniendo en cuenta la moderación.

極端な考え方は意見対立を生みやすいですよね。日本では和が重視されるので,「中庸」を大切にする温厚な人が好まれるのです。だから日本のリーダーは,トップダウンでものを決めるタイプよりも調整型の人が多いのでしょう。調整型リーダーは「中庸」を重んじ,多くの人の意見を聞き,その長所を活かすことが上手だからです。

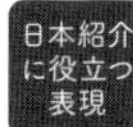

- 対立した意見を生む → crear opiniones enfrentadas [opuestas 反対の]
- 調整を行う → hacer ajustes [un ajuste]
- トップダウンで決める → tomar una decisión de arriba abajo [autoritaria]

En tal caso, ¿es posible mostrar su liderazgo?

それで,強いリーダーシップを発揮できるのですか?

J En la época de pleno crecimiento de la economía japonesa no se consideró un gran problema. Sin embargo, actualmente Japón está atravesando un largo período de bajo crecimiento. En la sociedad actual extremadamente competitiva a causa de la globalización, se dice que los líderes que actúan haciendo ajustes con los demás no son capaces de hacer frente a los problemas. Eso se debe a que ya no se puede dedicar tanto tiempo para conseguir un consenso. En esta época de cambios vertiginosos, también en Japón se valora cada vez más a los líderes fuertes capaces de tomar decisiones rápidas que a los que las toman tras ajustes prolongados. La imagen de líder ideal va variando con los tiempos.

日本の高度経済成長時代は,あまり問題視されませんでした。しかし,低成長期に入り,グローバル化によって競争が激化した今日では,調整型リーダーでは対応できないと言われるようになりました。合意形成にこれまでのように時間をかける余裕がなくなってきたからです。今のように変化が激しい世の中では,日本でも調整型リーダーよりも,迅速な決断ができる強いリーダーに人気が集まるようになってきました。求められるリーダー像も時代によって変わってくるものなのですね。

- リーダーシップを発揮する → mostrar su liderazgo
- 低成長の時代を過ごしている → atravesar un período de bajo crecimiento
- 問題に対処する → hacer frente a [afrontar] los problemas
- 目まぐるしく変化する → cambiar vertiginosamente [con mucha rapidez]

Dentro y fuera

内と外

E **Ya he comprendido que en Japón se da mucha importancia a la consideración hacia los demás. Entonces, ¿por qué mucha gente pasa al lado de alguien que se ha caído en un sitio como la estación sin hacerle caso?**

日本では周りの人への配慮がとても大切にされていることはわかりました。それでは，駅などで転んでいる人がいても，無視して通り過ぎてしまう人が多いのはなぜですか？

J Creo que mucha gente le ayudará si ve que está herido, pero si no, es probable que mucha gente no se detenga. Ciertamente, los japoneses muchas veces son considerados, pero eso no significa que lo sean con todo el mundo ni en cualquier momento.

転んだ人が怪我をしているときは，助けてくれる人は多いでしょう。でもたいしたことがないと，多くの人は立ち止まらないでしょう。確かに，日本では，普段はよく気を配るのに，いつでもだれに対しても親切というわけでもないようですね。

●思いやりがある → **ser** considerado/da［atento/ta］

Es una contradicción, ¿verdad? ¿Por qué ocurre eso?

矛盾していますね？　どうしてですか？

J Es posible que sea porque en las grandes ciudades todo el mundo está muy ocupado y mucha gente tiene prisa. Por otra parte, aunque parezca que los japoneses prestan continua atención a los demás, a mi parecer, eso se reduce al círculo de personas con quienes desean seguir relacionándose. Por eso, es posible que, a veces, muestren una actitud fría hacia los desconocidos.

　都会だとみんな忙しく，急いでいる人が多いことも原因の一つかもしれません。それから，一見すると，日本人は人に絶えず気を遣っているように見えますが，実際には，何らかの関わりを保ち続けたい人間に限られるような気がします。だから，見ず知らずの他人に対しては，時に冷淡な態度をとってしまうのではないでしょうか。

- 矛盾している → **ser** una contradicción
- 彼らと交友関係を持つ → **relacionarse con** ellos
- （彼に）冷淡な態度を見せる → **mostrar**(le) una actitud fría

E **Ya veo. ¡Qué complicadas son las relaciones humanas de los japoneses!**

　なるほど。日本人の人間関係って複雑なのですね！

J Los japoneses hacen una clara diferenciación entre las personas de su círculo y las que no lo son, tratándolas de forma distinta. ¿Has oído alguna vez la expresión “Dentro y fuera”? A los que consideran compañeros los meten dentro de su propio círculo, ponen su confianza en ellos y comparten información importante. Sin embargo, hay una fuerte tendencia a evitar tratar con franqueza a los que no pertenecen a su círculo. Muchos extranjeros dicen que los japoneses tardan tiempo para abrirse pero, una vez lo consiguen, su amistad resulta duradera. Quizá aquí también se ve tal carácter de los japoneses.

　日本人は，仲間とそれ以外の人を区別して扱う意識が強いのだと思います。「内と外」という表現を聞いたことがありますか？　仲間意識を持てる人は自分の人間関係の輪の内側にいる人で，信頼し大切な情報も共有します。しかし，そうではない人は，外側にいる人として，率直な付き合いを控えようとする傾向が強いのです。日本人は親しくなるのに時間がかかるけれど，一度友達になってしまうと，友情が長続きすると言う外国人が多いのもそんな理由かもしれません。

- 彼らに信頼をおく → **poner** su confianza [confiar] **en** ellos
- 重要な情報**を共有する** → **compartir** información importante
- （率直な態度で）彼ら**と付き合う** → **tratar**los (con franqueza)

60 Sentimiento y apariencia

本音と建前

E **A veces me da la impresión de que los japoneses no dicen lo que piensan realmente.**

日本人って，本当の気持ちを話さないことがあるような気がするのですが。

J Posiblemente están separando el sentimiento y las apariencias.

本音と建前を使い分けていたのかもしれませんね。

●本音と建前を使い分ける［**区別する**］→ **separar** el sentimiento y la apariencia

E **¿A qué te refieres?**

どういうことですか？

J *Honne* indica el sentimiento verdadero, mientras que *tatemae* es el mensaje que uno manifiesta en público. *Tatemae* es lo esperado y necesario de acuerdo a las circunstancias o la posición de esa persona. Por ejemplo, en un día de mucho calor, aunque en realidad piense usar el aire acondicionado todo el día, hay quien da preferencia a la apariencia aceptando una propuesta tal como: “Ahorremos energía para evitar el calentamiento de la Tierra”. A veces, los extranjeros toman la apariencia de los japoneses por su verdadero sentimiento.

「本音」とは本当の気持ちのことで，「建前」とは公の場面での発言です。「建前」

とはその人の地位や置かれた状況で期待されているような発言内容のことです。たとえば，本音としては，暑い日はエアコンをどんどん使うつもりでいても，建前として「地球温暖化対策として省エネを実施しよう」という提案に賛成する人もいます。外国人だと，日本人の建前を本音と勘違いしてしまうこともありそうですね。

- 建前を**優先する** → **dar** preferencia a la apariencia
- エネルギー**を節約する** → **ahorrar** energía［反義：malgastar 浪費する］
- 地球温暖化**を防ぐ** → **evitar**［impedir］el calentamiento de la Tierra

E ¿Por qué no expresan su verdadero sentimiento?

なぜ本音を言わないのですか？

J No es que no expresen su sentimiento, a veces lo hacen dependiendo de quién sea la otra persona. Es decir, solamente expresan su verdadero sentimiento ante los compañeros en los que pueden confiar.

本音を言わないわけではありません。相手を選んでいるのです。相手が信頼できる仲間になってはじめて，こちらも本音で話せるようになるのです。

- 本音［本当の気持ち］**を言う** → **expresar** su verdadero sentimiento
- 彼ら**を信頼する** → **confiar en**［fiarse de］ellos

E ¿Qué se debe hacer para que te digan lo que realmente piensan?

どうしたら本音で話してもらえるようになりますか？

J Se requiere el esfuerzo de establecer una relación de confianza con el otro. En Japón, los encargados de ventas agasajan frecuentemente a sus clientes. Eso se hace para entablar unas relaciones humanas dentro de un ambiente distendido en vistas a crear una conciencia de compañerismo. Sólo a partir de tal relación se podrá dialogar partiendo de la base del verdadero sentimiento.

相手との信頼関係を築く努力が必要です。日本人の営業担当者は顧客を頻繁に接待します。これは打ち解けた雰囲気で人間関係を構築し，仲間意識を持ってもらうことを目指しているからです。そのような関係になってはじめて，相手に本音ベースで話してもらうことができるようになるからです。

- （彼らとの）信頼関係**を築く** → **establecer** una relación de confianza (**con** ellos)
- 顧客**を接待する** → agasajar [festejar] a los clientes
- 人間関係**を構築する** → entablar [establecer] relaciones humanas

061

61 Espíritu de armonía

和の精神

E **Los japoneses siempre se sienten obligados a ser serviciales, ¿verdad? ¿De dónde habrá nacido esta idiosincrasia?**

日本人って，絶えず気遣いが求められているのですね。こういう国民性ってどこから生まれてきたのでしょう？

J La mayoría de los japoneses en el pasado eran agricultores. Lo cual, según dicen, influyó en gran manera en la forma de ser de este pueblo. En comparación, por ejemplo, con una sociedad de cazadores, en ésta la capacidad y la forma de actuar individuales son el sostén básico de la vida familiar y de uno mismo. Por consiguiente se puede decir que en ella se tiende a valorar socialmente la capacidad individual.

日本人の祖先の大部分は，農村共同体の構成員でした。このことが日本人の国民性に大きな影響を与えたと言われています。たとえば，狩猟社会と比べてみましょう。狩猟社会では個人的な能力や行動が自分や家族の生活の基盤を支えます。したがって，個人の実力が社会的評価につながりやすい社会といえるでしょう。

- 日本人の国民性を**説明する** → **explicar** la idiosincrasia [el modo de ser] de los japoneses
- よく気が付く人柄だ → **ser** servicial [considerado, atento]
- 個人の能力を**高く評価する** → **valorar** [apreciar] la capacidad individual

E ¿En Japón no se estima a las personas con gran capacidad individual?

日本では個人的な能力が高い人は尊重されないのですか？

J Sí que se las estima, lo que ocurre es que hay otras cualidades que se aprecian también. En una sociedad de agricultores como la japonesa, al realizar operaciones conjuntas tales como la plantación y cosecha del arroz, se da más importancia al beneficio de la totalidad del pueblo que a la ganancia personal, siendo preciso trabajar uniendo las fuerzas. En Japón se prefiere trabajar en equipo y el hecho de que se valore mucho a la persona que se lleva bien con los demás se dice que es un reflejo del "espíritu de armonía" que caracteriza a la sociedad de agricultores.

そんなことはありません。ただ，他にも重視されている資質があります。日本のような農耕社会では，人々は田植えや稲刈りなどの共同作業のたびに，個人の利益よりも村全体の利益を大切に考えて，力を合わせて働く必要がありました。日本で，チームワークを重視し，人間関係に心を配れる人が高く評価されるのは，農耕社会を特徴づけるこのような「和の精神」が反映しているのかもしれません。

- 田植えと稲刈りをする → **plantar y cosechar** el arroz［名詞：plantación y cosecha］
- 力を合わせて働く → **trabajar** uniendo las fuerzas
- チームで働く → **trabajar** en equipo
- 他の人たちとうまく付き合う → **llevarse bien con** los demás

E ¿Qué significa "espíritu de armonía"?

「和の精神」って何ですか？

J Es el criterio de preocuparse por hacer fuertes las relaciones humanas teniendo fe en el valor de la actuación en grupo. El espíritu de cooperación, la virtud de la modestia, la disposición a evitar enfrentamientos, el espíritu reservado, la valoración de la comprensión tácita, las atenciones hacia los demás, etc., son características de los japoneses, la mayoría de las cuales se puede pensar que son un reflejo de este “espíritu de armonía”.

集団行動の価値を信じ，人間関係の絆を気遣う価値観です。協調性，謙遜の美徳，対立を避けようとする態度，遠慮深さ，察し合いの重視，周りの人たちへの配慮など，日本人的特徴の多くはこの「和の精神」の反映だと考えることができそうです。

- 和の精神**を大切にする** → **apreciar** el espíritu de armonía
- 協調性**がある** → **tener** espíritu de cooperación
- 謙遜の美徳 → virtud de la modestia

第4章

日本の社会

Sociedad

062

La pandemia de coronavirus y el colapso de los servicios médicos

コロナ禍と医療崩壊

E **¿Hubo un "colapso de los servicios médicos" también en Japón como consecuencia de la pandemia de coronavirus?**

日本でもコロナ禍で「医療崩壊」の危機はありましたか？

J Llamó la atención el hecho de que la pandemia de coronavirus provocara la saturación de los servicios médicos en Tokio, cuando un paciente de emergencia de la COVID-19 tardó hasta ocho horas en ser hospitalizado después de que casi 100 hospitales se hubieran negado a admitir su ingreso. Como esto se repitió una y otra vez, la sensación de crisis por el "colapso de los servicios médicos" llegó a generalizarse.

コロナ禍で，東京都内の医療提供体制が逼迫（ひっぱく）し，100 近くの病院に拒否されて，コロナ救急患者の搬送に 8 時間もかかるという事件が話題になりました。こんなことが何度も重なり，「医療崩壊」に対する危機感が極度に高まりました。

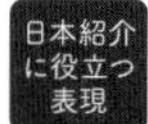

- ●医療が崩壊する → **colapsar** los servicios médicos［名詞：colapso 崩壊］
- ●医療を逼迫させる → **provocar la saturación** de los servicios médicos
- ●入院受け入れを拒否する → **negarse a** admitir el ingreso

E **¿Se debe al escaso número de camas hospitalarias en Japón?**

日本で病床数が少ないのが原因ですか？

J Según los datos recopilados por la Organización para el Desarrollo y la Cooperación Económicos (OCDE), Japón es el país con mayor número de camas de hospital del mundo por cada 1.000 habitantes. ¿No te parece extraño, entonces, que se tenga que hablar tanto ahora de crisis en la sanidad? Se dice que esto se debe a que los pacientes infectados se concentran sólo en los hospitales públicos y los hospitales privados no los quieren admitir.

経済開発協力機構（OECD）がまとめたデータによると，日本の病床数は人口1,000人に対する割合で世界一だそうです。それなのに，医療崩壊危機がこんなに叫ばれるのって不思議ですよね？　これは，感染者の受け入れは公立病院に集中し，民間病院での受け入れが進んでいないからだと言われています。

- ～は病床数が少ない**のが原因だ** → **deberse a**l escaso número de camas hospitalarias
- データ**を集める** → **recopilar** [reunir] datos
- ～は公立病院**に集中する** → **concentrarse en** los hospitales públicos

E ¿Por qué los hospitales privados no son más receptivos?

どうして民間病院は受け入れが進んでいないのですか？

J En el caso de los hospitales públicos, el gobernador de la prefectura puede solicitar que acepten a los pacientes infectados. Sin embargo, esto no ocurre con los hospitales privados. El problema se agrava por el hecho de que los hospitales privados representan alrededor del 80% de todas las instituciones médicas de Japón, una proporción mucho mayor que en otros países. El mayor temor de los hospitales privados es que se produzca un brote masivo, lo que les obligaría a cerrar por completo durante dos o tres semanas, a desinfectarlos con un gran gasto y a perder ingresos. Es comprensible que los hospitales privados sean reacios a aceptar pacientes infectados.

公立病院の場合，都道府県知事が感染者の受け入れを要請することができます。

しかし，民間病院に対しては強制力がありません。しかも，日本の医療機関のうち民間病院は約８割を占め，諸外国よりかなり割合が多いことが問題を深刻にしています。民間病院が一番恐れているのは，集団感染が起こることです。２～３週間は完全閉院にしなければならないことに加えて，消毒などをして膨大な費用がかかるのに，収入はなくなってしまします。民間病院が感染者を積極的に受け入れたがらないのも理解できます。

●問題**が深刻化する** → **agravarse** el problema
●集団感染**が発生する** → **producirse** un brote masivo
●収入**を失う** → **perder** los ingresos

063

Baja natalidad

少子化

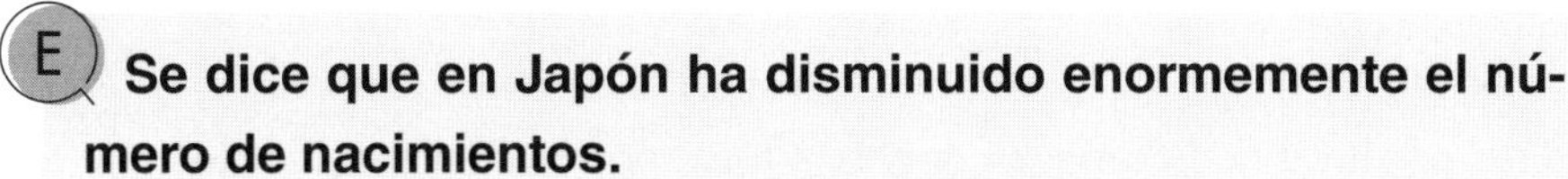

Se dice que en Japón ha disminuido enormemente el número de nacimientos.

日本では子どもの数がずいぶん減っているそうですね。

J Es cierto. Antes era normal que en cada familia hubiera dos o tres hijos, en cambio ahora no es extraño ver matrimonios que tienen un solo hijo o que no desean tenerlos. Aunque el problema de la baja natalidad existe también en España, es muy serio también en Japón. Por eso la población en Japón disminuye sin cesar. La población japonesa tocó techo en 2008 con 128.080.000 habitantes. Si continúa descendiendo a este ritmo se prevé que en 2100 se habrá reducido a la mitad.

はい。以前は家に子どもが 2，3 人いるのがふつうだったのに，今は 1 人っ子，あるいは子どもを作らない夫婦も珍しくありません。少子化はスペインでも社会問題になっていますが，日本でもとても深刻です。少子化で日本の人口減少に歯止めがかからないのです。人口は 2008 年の 1 億 2,808 万人がピークでしたが，このままだと 2100 年にはその半分になってしまうという予想さえあるのですよ。

- 出生率**が低下する** → **bajar** la natalidad［反義：la mortalidad 死亡率］
- **ピークに達する** → **tocar techo**［alcanzar la cima］
- 半分に**減少する** → **reducirse** a la mitad［反義：**doblarse** 倍増する］

¿A qué se deberá tal descenso?

なぜそんなことになってしまったのでしょう?

J Hay varias razones. La principal es el aumento de las personas que no contraen matrimonio. Eso se debe a diversas causas. Por ejemplo, el cambio del criterio de valores de los jóvenes. Se dice que hay mayor número de jóvenes que no sienten atracción hacia el matrimonio porque temen el incremento de la carga económica y las relaciones personales que éste conlleva. Debido a la recesión económica de Japón de estos últimos 20 años resulta difícil conseguir ingresos fijos, por lo cual son más los que dudan en dar el paso definitivo hacia el matrimonio con el consiguiente decrecimiento de la natalidad.

原因はいろいろ考えられます。主な理由は,結婚しない人が増えているためでしょう。その背景には様々な要因が挙げられます。たとえば,若者の価値観の変化。複雑な人間関係や経済的な負担が増えるという理由から,結婚に魅力を感じない若者が増えているといいます。過去 20 年以上も続いてきた日本の経済不況で,安定した収入が得られないため結婚をためらう人が増加しているのも,少子化の大きな原因と考えられています。

- 若者の価値観が変化する → cambiar el criterio de valores de los jóvenes
- 結婚に魅力を感じる → sentir atracción hacia [por] el matrimonio
- 最後の一歩踏み出すのにためらう → dudar en dar el paso definitivo

E

¿Se toman medidas para frenar el descenso de la natalidad?

どんな少子化対策がとられているのですか?

J En 2010 el Gobierno del Partido Democrático introdujo las medidas de "Subsidio por hijo" y "Exención de las tasas académicas del instituto" como una forma de ayuda a la generación en edad de criar hijos. No obstante, por falta de fondos, no pudo mantenerlas. En un país que sufre de déficit financiero como Japón queda por solucionar el grave problema de la facilitación de un entorno educativo apropiado y ayudas para la crianza de los hijos.

民主党政権が 2010 年に「子ども手当」と「高校授業料無償化」いう政策を導入したことがあります。子育て世代への支援が目的でした。でも，財源の不足で制度として維持できなくなってしまったのです。財政赤字に苦しむ日本では，子育て支援や教育環境の整備が今でも大きな課題になっています。

- （彼らに対して）授業料**を免除する** → **eximir**(los) **de** las tasas académicas［名詞：exención 免除］
- 子ども**を育てる** → **criar** hijos
- （財政）赤字**で苦しむ** → **sufrir de** déficit (financiero)

64 Envejecimiento de la población

高齢化

Parece que en Japón otro de los problemas graves es el envejecimiento de la población.

日本は高齢化問題も深刻だそうですね。

Sí. Desciende el número de niños, pero, por el contrario, aumenta el número de mayores. En 2011 una de cada cinco personas eran mayores de 65 años. Para el año 2055 se prevé que esta proporción será de un mayor por 2,5 personas. Es decir, en el futuro, en Japón casi la mitad de la población estará formada por personas mayores.

はい。子どもが減っているのに対して，高齢者は急増しています。65 歳以上の高齢者は，2011 年には 5 人に 1 人でした。これが，2055 年にはなんと 2.5 人に 1 人になると予測されているのです。つまり，将来，日本では人口の半数近くが老人になってしまうのです。

- **人口が高齢化する** → envejecer la población［名詞：envejecimiento 高齢化］
- 高齢者の数が増加する → aumentar el número de mayores［反義：disminuir 減少する］

Eso es sorprendente. Tendrá una gran influencia en la sociedad.

それは衝撃的ですね。社会的な影響も大きそうですね。

J Cierto. Debido al descenso de la natalidad se reducirá el número de personas que trabajan y si baja el poder adquisitivo de los ciudadanos no se podrá esperar un gran crecimiento de la economía como antes. Asimismo, al verse reducido el mercado nacional, tampoco se podrá esperar una gran recaudación de impuestos. A pesar de eso, al haber más mayores consecuentemente habrá un aumento de los gastos médicos y de asistencia a los mismos. En Japón hay un gran temor a que en el futuro no se pueda seguir manteniendo el sistema de la Seguridad Social.

はい。少子化で働く人の数が減り，国民の購買力が下がっていけば，かつてのような高い経済成長は望めません。国内市場も小さくなるので，税収も期待できません。それなのに，高齢者が増え続けるのですから，医療や介護の費用はますます増えてしまいます。日本では将来，社会保障の制度が維持できなくなるのではないかという大きな不安があるのです。

- 税金を徴収する → recaudar los impuestos［名詞：recaudación 徴収］
- 医療費が増大する → aumentar los gastos médicos［名詞：aumento 増大］
- 社会保障制度を維持する → mantener (el sistema de) la Seguridad Social

E Parece ser un gravísimo problema. ¿Qué tipo de medidas están pensando tomar?

ずいぶん大変そうですね。どんな対策が考えられていますか？

J Primero será necesario tomar medidas para frenar el descenso de la natalidad. El aumento del gravamen de impuestos será inevitable. También habrá que reconsiderar las prestaciones de la Seguridad Social. Se está pensando igualmente en una mayor aceptación de trabajadores extranjeros y se están tomando medidas para crear un entorno favorable que ayude a entrar en el mundo laboral a las amas de casa o a las personas mayores que quieran extender su edad de jubilación.

まず，少子化対策が必要でしょう。増税も避けられそうにありません。社会保障サービスの見直しも必要になるでしょう。外国人労働者の受け入れも検討されています。家庭に入っている女性や定年を延長する高齢者が，もっと働きやすい環境を整備するための対策なども講じられています。

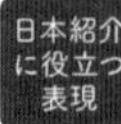

- 出生率の低下**を抑える** → **frenar** el descenso de la natalidad［名詞：freno ブレーキ］
- 社会保障の給付**を見直す** → **reconsiderar** las prestaciones de la Seguridad Social
- 定年の年齢**を延長する** → **extender**［alargar］la edad de jubilación

65 Reforma del estilo de trabajo

働き方改革

¿Qué significa “reforma del estilo de trabajo”?

働き方改革って何ですか？

Se trata de la reforma que está promoviendo el gobierno japonés para permitir a los trabajadores elegir libremente estilos de trabajo flexibles para satisfacer sus necesidades.

日本政府が推進している「働く人々が，自分の必要性に合わせて柔軟な働き方を自由に選択できるようにするための改革」です。

日本紹介に役立つ表現

- 働き方［仕事のスタイル］**を改革する** → **reformar** el estilo de trabajo
- 柔軟な働き方を（自由に）**選択する** → **elegir** (libremente) estilos de trabajo flexibles
- 必要性［ニーズ］**を満たす** → **satisfacer** las necesidades

¿Qué es eso exactamente?

具体的にはどのようなことなのですか？

En 2018, la Ley de Reforma del Estilo de Trabajo fue promulgada bajo la administración de Abe. Se trata de ocho leyes sobre estilos de trabajo que incluyen el límite superior de horas extra para reducir las largas horas de trabajo y la igualdad salarial por igual trabajo y para eliminar la brecha entre los empleados regulares y no regulares.

2018 年，安倍政権のもと「働き方改革法」が成立しました。働き方に関する 8 本の法律で，長時間労働を減らすための残業時間の上限制限や正規社員と非正規社員の格差をなくすための「同一労働同一賃金」などがあります。

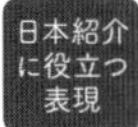

- 法律**を発布する** → **promulgar** [publicar formalmente] una ley
- 長時間労働**を減らす** → **reducir** las largas horas de trabajo
- 正規社員と非正規社員**の間の格差をなくす** → **eliminar** la brecha [la diferencia] **entre** los empleados regulares y no regulares

¿Por qué se promulgó tal ley?

どうしてこのような法律が制定されたのですか?

J En el trasfondo está la disminución de la fuerza laboral acarreada por la progresiva disminución de la tasa de natalidad y el envejecimiento de la población. Para asegurar una futura mano de obra, las mujeres y los mayores necesitan tener más oportunidades para desempeñar papeles activos. Por lo tanto, la reforma del estilo de trabajo consiste en revisar completamente la forma de trabajar los japoneses para que se pueda seleccionar una mayor variedad de estilos de trabajo.

背景にあるのは，日本の少子高齢化の進行がもたらしている労働人口の減少問題です。将来の労働力を確保するためには，女性や高齢者にも今まで以上に活躍の場を与える必要があります。そこで，これまでの日本の働き方を全面的に見直し，多様な働き方を選べるようにするのが「働き方改革」なのです。

- 出生率**が減少する** → **disminuir** la tasa de natalidad [名詞：disminución 減少]
- 労働力**を確保する** → **asegurar** la mano de obra
- 活躍する [積極的な役割**を果たす**] → **desempeñar** papeles [roles] activos

Trabajadores extranjeros

外国人労働者

¿En Japón hay muchos inmigrantes?

日本は移民が多いですか？

J No. Japón es conocido como un país que acepta pocos inmigrantes. La aceptación de los refugiados es también reducida por lo que la comunidad internacional considera a Japón un país cerrado. No pocas personas se oponen a la inmigración debido, entre otros motivos, al deterioro del orden público. Sin embargo, el número de trabajadores extranjeros con estancias limitadas ha aumentado drásticamente. Según el Ministerio de Salud, Trabajo y Bienestar, en octubre de 2018, se registraron alrededor de 1.460.000. Esto supone un incremento del 14,2% respecto al mismo período del año pasado. El grupo más grande es el chino seguido por vietnamitas y filipinos.

いいえ。日本は移民をあまり受け入れない国として知られています。難民の受け入れも少なく，国際社会から閉鎖的な国と見られています。治安が悪化するなどの理由から，移民が入ってくることに反対している人も少なくないからです。しかし，滞在期間に制限のある外国人労働者は急激に増えています。厚生労働省によると，2018 年 10 月の時点で約 146 万人。前年同期を 14.2%も増加しています。内訳は一番多いのが中国人，次はベトナム人，フィリピン人等です。

- 日本を閉鎖的な国**とみなす** → **considerar** a Japón (**como**) un país cerrado
- 移民**に反対する** → **oponerse a** la inmigración
- 治安**が悪化する** → **deteriorarse** el orden público［名詞：deterioro 悪化］

¿Por qué el número de trabajadores extranjeros se está incrementando rápido a pesar de haber mucha oposición?

なぜ，反対が多いのに外国人労働者が急増しているのですか？

Es para compensar la escasez de mano de obra que ha sido impulsada por la baja natalidad y el envejecimiento de la sociedad. En Japón, donde hay mucha oposición a la inmigración, no aceptaban trabajadores no cualificados. Los extranjeros sólo podían trabajar en campos especializados y técnicos, como profesores universitarios, abogados y médicos. Sin embargo, en realidad hay muchos extranjeros que trabajan en otros campos que no son ni profesionales ni técnicos.

少子高齢化が拍車をかけている人手不足を補うためです。移民に反対する人が多い日本では，単純労働者の受け入れを認めていませんでした。外国人が働けるのは，大学教員や弁護士，医師など専門的・技術的分野に限られていたのです。しかし，実際には専門的・技術的分野以外でも多くの外国人が働いています。

- 人手の不足を補う → compensar [cubrir] la escasez de mano de obra
- 専門分野で働く → trabajar en campos especializados [profesionales]

¿A qué te refieres? ¿Hay una escapatoria?

どういうことですか？　抜け道があるのですか？

Pues se podría decir que es una escapatoria. En 1993, se creó el “Sistema Técnico de Formación Profesional”. El objetivo principal de este proyecto es ayudar a la comunidad internacional enseñando a la gente de los países en desarrollo la tecnología y las habilidades japonesas para que puedan contribuir a la prosperidad de sus países de origen cuando vuelvan a ellos. Sin embargo, si uno se aprovecha de este sistema, puede trabajar asimismo en campos no cualificados. Algunas compañías han abusado de este sistema para explotar a los trabajadores extranjeros con bajos salarios y esto se ha convertido en un escándalo social. Además, dado que el problema de la escasez de mano de obra no se ha resuelto, la Ley de Control de Inmigración se revisó en abril de 2019 y las restricciones se han relajado más que nunca en 14 áreas donde la escasez de mano de obra aún continúa, como la construcción, el servicio de atender a los ancianos y la agricultura, y se ha empezado a aceptar a más trabajadores extranjeros.

そうですね，抜け道みたいなものと言えるかもしれません。1993 年に「技能実習制度」が作られました。これは，開発途上国の人に日本の技術や技能を指導し，母国に帰って役立ててもらうという国際貢献が本来の目的なのです。しかし，この制度を使えば，事実上，単純労働でも働けます。中にはこれを悪用して，外国人労働者を低賃金で搾取する企業も出てきて，社会問題になりました。また，それでも労働力不足が解消されないので，2019 年 4 月より入国管理法が改正され，人手不足が続く建設，介護，農業など 14 の分野でこれまで以上に制限が緩和され，さらに多くの外国人労働者の受け入れが始まったのです。

- 繁栄に貢献する → **contribuir a** la prosperidad
- この制度を悪用する → **abusar de** este sistema
- 労働者を搾取する → **explotar a** los trabajadores
- 制限を緩和する → **relajar** las restricciones [反義：endurecer 強化する]
- 老人を介護する → **atender** [cuidar] **a** los ancianos

67 Generación del *baby boom*

団塊の世代

E En la actualidad, a Japón le afecta la reducción de la población infantil. ¿Cómo era la situación antes?

日本は現在，少子化で悩んでいますが，昔の日本はどうだったのですか？

J Después de la Segunda Guerra Mundial, tras finalizar la etapa de confusión de la postguerra, se estabilizó la provisión de alimentos y aumentó repentinamente la tasa de natalidad. A este fenómeno se le llama "*baby boom* de la postguerra" (1947-1949). Cada matrimonio tenía cuatro o más hijos por término medio en todo el país. La generación que nació en esta época es llamada la del *baby boom*. Al ser muy elevado su número, ellos tienen mucha influencia en la sociedad japonesa, siendo siempre su comportamiento centro de atención.

第二次世界大戦後，戦後の混乱が治まり，食糧供給が安定すると出生率が急に上がりました。これが戦後のベビーブーム（1947～1949）です。一組の夫婦が全国平均４人以上の子どもを産んでいたのです。そのころ生まれた世代が「団塊の世代」と呼ばれています。あまりにも世代人数が多かったので日本社会に与える影響が絶大で，その動向はいつも世間の注目の的となってきました。

日本紹介に役立つ表現

- 混乱期が終わる → **finalizar** [terminar] la etapa de confusión
- 食糧の供給を安定させる → **estabilizar** la provisión [el suministro] de alimentos
- 注目の的になる → **ser** centro de atención [llamar la atención]

Por ejemplo, ¿qué influencia han ejercido?

たとえば，どんな影響があったのですか？

J Todas las cosas en las que esta generación tenía interés se convirtieron en un fenómeno social. Cuando eran adolescentes tuvieron éxito en todo el país los grupos musicales que a ellos les gustaban. Al entrar en la universidad y entregarse al movimiento estudiantil, los conflictos universitarios se extendieron por todo el país. Y cuando empezaron a trabajar se convirtieron en guerreros empresariales y contribuyeron al gran crecimiento de la economía japonesa.

団塊の世代が関心を持つものは絶えず大きな社会現象になりました。10 代の半ばになると，彼らの大好きなグループサウンズが日本全国で大ヒットしました。大学に進学すると学生運動に熱中し，大学紛争が日本中で展開されました。そして，就職すると企業戦士として仕事に邁進し，日本経済の高度成長を支えたのです。

- 社会現象になる → **convertirse en** un fenómeno social
- 学生運動に身を委ねる → **entregarse al** movimiento estudiantil
- 企業戦士になる → **convertirse en** guerrero empresarial

¿Qué ha sido de ellos posteriormente?

彼らはその後どうなったのですか？

J La mayoría, con más de 65 años, ahora ya están jubilados. El que en Japón escaseen los fondos para pagar el seguro social se debe al envejecimiento de esta generación. De tal modo, la generación de *baby boom* ha venido siendo uno de los factores que desencadenaban diversos fenómenos sociales a través de la historia moderna.

今，彼らは 65 歳以上の退職者がほとんどです。日本が社会保障費の財源が足りなくて悩んでいるのも，団塊の世代が高齢者になったためなのです。このように「団塊の世代」は，現代史を通じてさまざまな社会現象を引き起こす原因の一つになってきたのです。

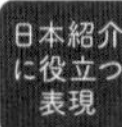

●定年退職している → estar jubilado/da［動詞：jubilarse 定年退職する］

●財源が不足する → escasear los fondos［反義：abundar 豊富だ］

●（さまざまな）社会現象を引き起こす → desencadenar (diversos) fenómenos sociales

68 Accidentes de conductores de la tercera edad

高齢者ドライバーの事故

E **Dicen que los accidentes de los conductores de edad avanzada están aumentando recientemente, ¿verdad?**

最近，高齢者ドライバーの事故が増えているそうですね？

J Sí. En 2016 un automóvil conducido por un anciano embistió a una fila de escolares, provocando muchas víctimas. El conductor tenía 87 años y no recordaba lo que pasó, por lo que se sospechó que podía sufrír de demencia senil. Ha ocurrido una serie de accidentes en los que las personas mayores pisan por error el acelerador en lugar del freno. Es probable que esta situación se incremente aún más, ya que el número de personas mayores seguirá aumentando en el futuro.

はい。2016 年には高齢者が運転している車が小学生の列に突っ込み，多くの犠牲者が出ました。ドライバーは 87 歳で記憶がなく，認知症が疑われました。高齢者がブレーキとアクセルを踏み間違えて起こす事故が相次いでいます。こうした状況はさらに増えそうです。高齢者の人口は今後さらに増加するからです。

日本紹介に役立つ表現

- 高齢のドライバー → conductor/ra de edad avanzada [de la tercera edad]
- 小学生の列に突っ込む → **embestir** [atropellar] **a** una fila de escolares
- 認知症を患う → **sufrir de** demencia senil
- （間違って）アクセルを踏む → **pisar** (por error) el acelerador

E **Eso es grave. ¿Se han tomado medidas?**

それは深刻ですね。対策は取られていますか？

J La Ley de Tráfico Vial, revisada en 2017, exige que las personas mayores de 75 años se sometan a una prueba de demencia senil al renovar su licencia de conducir. Si se confirma la enfermedad, se revocará su licencia. Sin embargo, los accidentes provocados por los conductores de la tercera edad no sólo son motivados por la demencia senil, sino también por la pérdida de reflejos y el deterioro de la agilidad mental. Por lo tanto, los gobiernos locales y las comisarías recomiendan que las personas mayores preocupadas por su capacidad de conducción devuelvan sus licencias voluntariamente.

2017年に改正された道路交通法で，75歳以上の人は運転免許更新時に，認知症検査を受けることが義務づけられました。認知症の場合は，免許が取り消されます。ただし，高齢者の事故は認知症だけではなく，運動機能や判断力の低下も原因になっています。そこで，各自治体や警察署は，運転に不安を感じるようになった高齢者には免許証を自主返納するように推奨しています。

- 認知症のテストを受ける → **someterse a** una prueba de demencia senil
- 運転免許証を更新する → **renovar** la licencia de conducir
- 免許を取り消す → **revocar** [retirar] la licencia

E Pero, algunas personas mayores necesitan un automóvil en su vida diaria, ¿verdad?

しかし，高齢者でも車が生活に必要な人もいるのではないですか？

J Eso es verdad. En las zonas rurales, el transporte público deja mucho que desear. Hay muchos lugares donde no se puede hacer nada sin un automóvil. Lo que podemos esperar ahora es la propagación de la conducción autónoma, pero eso todavía es algo lejano. Por esta razón, el gobierno decidió hacer instalar en los nuevos vehículos fabricados en el país a partir de noviembre de 2021 dispositivos de seguridad tales como frenos automáticos como medidas inmediatas.

そのとおりです。地方の場合，公共の交通機関が発達していません。車がないと何もできない地域はたくさんあります。今期待できるのは，自動運転の普及ですが，それはまだ先の話です。そこで当面の対策として，政府は 2021 年 11 月以降の新型国産車から，自動ブレーキなどの安全装置を取り付けることを決めました。

- ～は多くの不満**を残す** → **dejar** mucho que desear
- 自動運転**が普及する** → **propagarse** [difundirse] la conducción autónoma
- 安全装置**を設置する** → **instalar** dispositivos de seguridad

69 Sociedad desigual

格差社会

¿Cuál es el salario medio de los japoneses?

日本人の平均給与はどのくらいですか？

J Según las estadísticas de 2012, el salario medio, incluyendo las horas extras y las gratificaciones, es de unos 340.000 yenes. Pero, hay que apuntar que no es que el salario de la mayoría de los japoneses sea de unos 340.000 yenes. Eso se debe a que se hace cada vez mayor la diferencia de salarios entre los trabajadores fijos y los que no lo son. En la actualidad se dice que Japón se ha convertido en una sociedad desigual.

2012 年の統計によると，平均給与は残業代や賞与を合わせて，月約 34 万円でした。ただし，注意が必要なのは，日本人の大多数の給与が 34 万円前後というわけではないことです。正規雇用か非正規雇用かの違いによる給与格差が広がっているからです。日本はいまや格差社会だと言われるようになりました。

- 日本人の平均給与 → salario medio de los japoneses
- 残業代と賞与を含める → incluir las horas extras y las gratificaciones
- 格差社会になる → convertirse en una sociedad desigual

¿A qué se refiere?

どんな格差があるのですか？

J Muchos empleados de plantilla perdieron su trabajo a partir de 1997 a causa de la larga recesión económica. Con ella en el sector de servicios y en el manufacturero se aumentó el cupo de los empleados no nominados en plantilla, como trabajadores a tiempo parcial o trabajadores enviados por contratistas. A raíz de eso se empezó a hablar de los llamados "trabajadores pobres" indicando a quienes trabajando seriamente no lograban salir de la pobreza. El número de trabajadores fuera de plantilla que en 1990 ocupaba una quinta parte del total de trabajadores pasó a ser de más de un tercio en 2011. Ya que se dice que el sueldo de estos es sólo una tercera parte del de los empleados fijos, la diferencia es grandísima. Se dice que el ingreso medio anual de los empleados no fijos viene a ser de unos dos millones de yenes.

長い経済不況で 1997 年以降，多くの正社員が職を失いました。そして，サービス業や製造業でパートや派遣などの非正規雇用が拡大しました。その結果，真面目に働いても貧困から抜け出せない「ワーキングプア」と呼ばれる人々の存在が注目されるようになりました。非正規雇用者の割合は，1990 年には全雇用者の 5 分の 1 程度だったのが，2007 年には 3 分の 1 を超えてしまいました。非正規雇用者の賃金は，正社員の約 3 分の 1 程度と言われていますから，その差は歴然としています。非正規雇用者の平均年収は 200 万円弱とされています。

- 仕事を失う → **perder** el trabajo
- 貧困から抜け出す → **salir de** la pobreza
- 全体の 5 分の 1 を占める → **ocupar** una quinta parte del total

E ¿Ha influido la pandemia de coronavirus en la creciente desigualdad económica de Japón?

コロナ禍は日本でも経済格差の拡大に影響を与えましたか？

J Sí. Las declaraciones del estado de emergencia obligaron a muchos negocios de turismo y hostelería a cerrar o reducir sus horarios de apertura, por lo que muchos de ellos quebraron o cerraron sus puertas. Los empleados de estos sectores, a menudo mujeres y trabajadores no fijos, han visto cómo sus ingresos disminuyen y sus medios de vida se ven aún más amenazados. De este modo, el problema de la pobreza se intensificó aún más.

はい。緊急事態宣言により，観光業や飲食店など休業や時短営業を迫られた業種は，倒産や閉店する企業も続出しました。そこで働いていた従業員は，非正規雇用者や女性が多く，収入が減り，生活がさらに脅かされることになりました。こうして，貧困問題がさらに拡大する要因になってしまいました。

- 経済の格差に**影響する** → **influir en** la desigualdad [la brecha] económica
- 緊急事態**を宣言する** → **declarar** el estado de emergencia [名詞：declaración 宣言]
- 営業時間**を短縮する** → **reducir** [recortar] el horario de apertura

70 Sociedad sin dinero en efectivo

キャッシュレス社会

E **Me da la impresión de que hay muchos lugares donde no se aceptan tarjetas de crédito en Japón en comparación con España. ¿No te parece?**

日本ではスペインと比べて，クレジットカードが使えないところが多いような気がするのですが？

J Si. Generalmente no se admiten tarjetas de crédito en las tiendas pequeñas. Por eso los extranjeros que visitan Japón sienten inconveniencia cuando hacen compras. Pero últimamente las cosas están cambiando. Los pagos sin efectivo, incluidas las tarjetas de crédito, están extendiéndose, sobre todo en las tiendas de 24 horas. Especialmente, se está expandiendo el uso de aplicaciones de teléfonos inteligentes que leen códigos QR.

はい。小さな店舗だと，クレジットカードは一般に使えません。だから訪日外国人は買い物をするとき不便な思いをするのです。しかし最近は事情が変わりつつあります。コンビニなどを中心に，クレジットカードなどのキャッシュレス決済が増えてきました。特に，QR コードを利用するスマホアプリの使用が拡大しています。

- クレジットカードが使える［を受け入れる］→ **aceptar**［admitir］tarjetas de crédito
- 不便さを感じる → **sentir** inconveniencia
- QR コードを読み取る → **leer** códigos QR

E **¿A qué se debe tal cambio?**

それはなぜですか？

J El gobierno está promocionando mucho los pagos sin efectivo. A raíz del aumento del impuesto al consumo en octubre de 2019, en muchos establecimientos comerciales empezaron a devolver una parte de la cantidad pagada con tarjetas de crédito o aplicaciones de móviles. Se trata de un incentivo gubernamental por tiempo limitado, pero se ha tenido que destinar una gran cantidad de dinero para este fin.

政府がキャッシュレス決済を強力に推進しているからです。2019 年 10 月の消費税増税をきっかけに，多くの店でクレジットカードやスマホアプリで支払うと，支払額の一部が還元されるようになりました。これは政府の期限付きの優遇策なのですが，このために多くの予算を使うことになりました。

- 現金なしの決済を推進する → **promocionar** [fomentar] los pagos sin efectivo
- 消費税を上げる → **aumentar** el impuesto al consumo
- それは（政府の）優遇策［インセンティブ］である → **tratarse de** un incentivo (gubernamental)

E **¿Por qué el gobierno quiere fomentar tanto los pagos sin efectivo?**

なぜ政府はそこまでしてキャッシュレス決済を推進したいのですか？

J Por una parte, quiere promover más el turismo para atraer a mayor número de extranjeros. Es una molestia para los turistas tener que cambiar varias veces la moneda extranjera en yenes. Sin embargo, se dice que el objetivo principal consiste más bien en intentar elevar los ingresos fiscales, ya que, si todas las transacciones llegan a ser transparentes a través de la digitalización, la evasión fiscal resultará cada vez más difícil.

一つは，訪日外国人をさらに増やしたいからです。観光客にとっていちいち外貨を円に交換するのは面倒です。しかし，もっと大きなねらいは，税収の向上につながるからだと言われています。すべての取引がデータ化され把握できれば，脱税などしにくくなりますから。

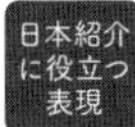

- 外国人**を惹きつける** → **atraer a** los extranjeros
- 税収［財政上の収入］**を増やす** → **elevar**［aumentar］los ingresos fiscales
- 脱税［財政上の回避］**を困難にする** → **dificultar** la evasión fiscal［反義：facilitar 容易にする］

Servicios de salud pública

公的医療サービス

E **Cuando no te encuentras bien, vas al médico de cabecera en España. ¿Es lo mismo en Japón?**

スペインでは体調が悪いと，まずホームドクターに見てもらうのですが，日本でも同じですか？

J No, en Japón carecemos del sistema de médicos de familia. En España, si te sientes enfermo, primero consultas al médico de cabecera, ¿no? Si no te pueden solucionar el problema, entonces te presentarán a un especialista de algún hospital. En Japón, en cambio, puedes elegir más libremente un médico o una institución sanitaria de la seguridad social. Por eso si lo deseas, puedes acudir a un hospital grande con médicos especialistas desde el primer momento. Por otra parte, en España se ha desencadenado una polémica social a causa de la larga lista de espera para los exámenes médicos y operaciones en las instituciones médicas públicas, pero en Japón esto no se ha convertido en un gran problema.

いいえ，日本にはホームドクター制度はありません。スペインだと，病気になると，まず家族のかかりつけの医者に相談しなければいけませんよね。そこで解決できないとき，初めて専門医のいる病院が紹介されます。これに対して，日本では，医療機関も医師も自由に選ぶことができます。なので，最初から大きな病院で専門医に診察してもらうことができるのです。ちなみに，スペインでは，公的医療機関での検査や手術までの待機日数が非常に長いことが社会問題になっていますが，日本の場合はそれほどでもありません。

●ホームドクター制度を持たない → carecer del sistema de médicos de familia [de cabecera]

●医療機関を選ぶ → elegir una institución sanitaria [un hospital]

●社会的論争を引き起こす → desencadenar [causar] una polémica social

E **Ya veo. Eso está muy bien. Por cierto, ¿hay que pagar mucho cuando vas al hospital?**

なるほど。それはいいですね。ところで，病院で払う医療費は高いですか？

J En este sentido, envidio el sistema de la Seguridad Social de España. En España, por regla general, están cubiertos los gastos de operaciones, partos, hospitalización o medicinas administradas en el hospital. Esto es impensable en Japón, donde el paciente paga el 30% de los gastos médicos reales bajo el sistema de seguros públicos del país. Sin embargo, las personas mayores de 75 años tienen que pagar el 10%. En cualquier caso, en Japón, donde se están acelerando la disminución de la tasa de natalidad y el envejecimiento de la población, se espera que en el futuro aumente aún más la carga que recae sobre las personas por los gastos médicos.

この点に関しては，スペインの社会保障制度がうらやましいです。スペインは，手術，出産，入院の費用も，病院内で投与される薬剤費も原則として自己負担ゼロですよね。これは日本では考えられないことです。この国の保険制度では，自己負担額は実際の医療費の３割です。ただし，75歳以上の高齢者になると１割負担になります。どちらにしても，少子高齢化が加速化している日本では，医療費の個人負担額も今後さらに増大することが予想されます。

●手術の費用をカバーする → cubrir los gastos de las operaciones

●薬を投与する → administrar [dar] medicinas

●（実際の）医療費の３割を負担する → pagar el 30% de los gastos médicos (reales)

E **Ahora que se están desarrollando nuevos medicamentos cada vez más costosos, ¿no se dan casos en que a los ciudadanos corrientes les resulte muy difícil pagar el 30% del costo?**

高額な新薬がどんどん開発されている現在，3割の自己負担でも庶民には払えないこともあるのではありませんか？

J Existe un sistema de reembolso con un límite del copago mensual que es proporcional a sus ingresos. Este sistema puede aplicarse cuando los gastos médicos se vuelven muy elevados.

高額療養費制度があり，収入に見合った月ごとの自己負担限度額が設定されています。医療費が高額になった場合，この制度が利用できるようになっています。

- 新薬を開発する → **desarrollar** nuevos medicamentos [nuevas medicinas]
- 返金の制度が存在する → **existir** un sistema de reembolso
- 収入に比例する → **ser proporcional a** sus ingresos

72 Sistema público de pensiones

公的年金制度

E Dime cómo está estructurado el sistema de pensiones en Japón.

日本の公的年金制度の仕組みを教えてください。

J Se suele explicar diciendo que básicamente este sistema es como un edificio de dos pisos. La planta baja está ocupada por *kokumin nenkin* (Sistema Nacional de Pensiones) donde se registran todos los ciudadanos. Cotizar para este apartado es obligatorio para todos los japoneses entre los 20 y 59 años. La pensión empieza a cobrarse generalmente a los 65 años. A su vez, en la primera planta se encuentra el sistema de pensiones para los empleados de oficina y los funcionarios pùblicos. Las personas que cotizan en las dos plantas, cuando tengan que cobrar la pensión, lo harán también de las dos partes.

この制度の基本的な部分は，二階建ての建物によくたとえられます。一階部分は全国民が加入する「国民年金」です。20 歳から 60 歳未満の日本人の加入が義務づけられています。年金支給が開始するのは通常 65 歳です。これに対して，二階部分は会社員や公務員のための年金制度になっています。対象者は，年金が支給されるとき，一階部分に加えて，二階部分の年金も支給されるのです。

- 全国民**が加入する** → **registrarse** todos los ciudadanos
- 国民年金（の保険料）**を支払う** → **cotizar** para el Sistema Nacional de Pensiones［参考：cotizar 会費などを支払う］
- （65 歳で）年金を**受給する** → **cobrar** la pensión (a los 65 años)

E **Si todos los ciudadanos mayores de 20 años están inscritos en la "Pensión Nacional", ¿significa eso que incluso los estudiantes universitarios tienen que cotizar cuando cumplen 20 años?**

20 歳以上の全国民が「国民年金」に加入するということは，大学生でも 20 歳になると保険料を払わなければいけないのですか？

J Sí, incluso los estudiantes no son una excepción. Sin embargo, si se presenta una solicitud, existe un sistema que le permite diferir el abono para estudiantes cuyos ingresos sean inferiores a una cantidad determinada. Aun así, la cotización no está exenta durante este período, por lo que se debe hacer un pago tardío después de graduarse y trabajar como miembro de la sociedad profesional.

はい，学生であっても例外はありません。ただし，申請すれば，収入が一定額以下の学生には保険料の支払を猶予できる制度があります。ただし，この期間保険料が免除されるわけではないので，社会人なってからこの間の保険料を追納する必要があります。

- 申請する［申請書**を提出する**］→ **presentar** una solicitud
- 支払い**を延期する** → **diferir**［el abono］［動詞：abonar 会費などを支払う］
- （彼らに対して）保険料支払**を免除する** →［**eximir**(los)］**de** la cotización［形容詞：exento/ta de ～ 免除された］

E **¿Se puede pensar que el sistema de pensiones está hecho para cobrar de mayores el dinero que se había ido pagando de joven?**

年金は，自分が若いころに積み立てたお金を，年をとってから受け取る仕組みと考えていいのですか？

J No, ahora no es así. Antiguamente había pocos mayores y muchas personas cotizaban, por lo que los fondos de pensiones estaban muy saneados. Fue entonces cuando se creó el sistema de entregar a los mayores el dinero que pagaban los jóvenes. Sin embargo, en la actualidad, ha disminuido el número de personas que trabajan, mientras que ha aumentado el de mayores. Por tal razón resulta difícil mantener este sistema de pensiones, lo que hace que se cree una polémica del pueblo sobre estas medidas.

今は違います。かつては高齢者が少なく，年金を積み立てる人が多かったので，年金資金が豊富でした。そこで，若い人が納めたお金をそのままお年寄りに渡すという制度が作られました。しかし，今では働く人の数が減り，高齢者が急増しています。そこで，このような年金制度を維持することは難しくなりました。だから，その対策をめぐって国民的な議論が繰り広げられているのです。

●資金を安定化する → sanear [estabilizar] los fondos

73 Sistema de jurado popular

裁判員制度

E **¿Existe en Japón algún sistema donde los ciudadanos participen en juicios como jurado popular?**

日本にも一般市民が陪審員として裁判に参加する制度はありますか？

J Sí, se introdujo en Japón el sistema de jurado popular en 2009. Se trata de un procedimiento donde el jurado elegido entre los ciudadanos participa en juicios penales para determinar el veredicto junto con los jueces. Según dicen, tiene por objeto promover la comprensión y la confianza de los ciudadanos hacia el sistema judicial, haciendo reflejar el punto de vista de la gente común en los juicios.

はい，裁判員制度が 2009 年に導入されました。これは国民から選ばれた人たちが裁判員として刑事裁判に参加して，被告人が有罪か無罪かを裁判官と一緒に決める制度です。一般の市民が持つ日常感覚を裁判に反映させることで，司法に対する国民の理解と信頼を向上させることが目的と言われています。

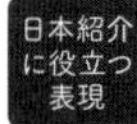

- （裁判員として）裁判**に参加する** → **participar en** un juicio (como jurado popular)
- （裁判官と一緒に）判決**を決める** → **determinar** el veredicto [la sentencia] (junto con los jueces)
- 市民の理解**を促進する** → **promover** [fomentar] la comprensión de los ciudadanos

E **¿Cómo son elegidos los jurados populares?**

裁判員はどうやって選ばれるのですか？

J Se selecciona cada año a los que participarán en los juicios del año siguiente mediante un sorteo entre los ciudadanos mayores de 20 años con derecho a voto. Los elegidos, como principio, están obligados a pasar a formar parte del tribunal popular. Pueden quedar exentas, sin embargo, ciertas personas, como por ejemplo, los mayores de 70 años o los que tienen que cuidar de familiares ancianos, etc.

20 歳以上で選挙権のある人の中から，翌年の裁判員候補者となる人が毎年くじで選ばれます。選ばれた人たちは基本的に参加することが義務づけられています。ただし，70 歳以上の人，家族を介護しなければならない人など，ある種の人たちは免除されます。

- （抽選で）メンバーを選ぶ → **seleccionar a** los miembros (mediante un sorteo)
- 裁判所の**一員になる** → **formar parte de** un tribunal
- 義務から**免除される** → **quedar exento/ta de** la obligación

E ¿Funciona bien este nuevo sistema?

この新しい制度は順調に運営されていますか？

J Existe el problema de que cada vez mayor número de personas quieren evitar esta obligación. La alegación más común es que no pueden soportar una carga sicológica tan grande. Determinar la sentencia de pena capital es muy dolorosa para cualquier persona. En los juicios penales, el tener que ver imágenes de cadáveres o personas heridas causa gran estrés a los miembros del jurado. El sistema de jurado popular no funciona sin la colaboración ciudadana. Por eso hace falta mejorar algunos aspectos del sistema, incluida la oferta de apoyo moral para facilitar la participación de los ciudadanos.

実は，裁判員になりたくない人が増えていることが問題化しています。心理的な負担が大きいというのが一番大きな理由です。死刑かどうかを判断するのは，だれにとってもとてもつらいものです。刑事事件ですので，被害者の遺体あるいは負傷した写真を見なければならないことも大きなストレスになっています。裁判員制度は市民の協力がなければ成り立ちません。それだけに，市民がいつでも安心して参加できるように，裁判員の心のケアの方法を含め，制度のさらなる改善が求められています。

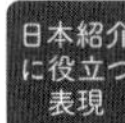

- 心理的負担を耐える → soportar [aguantar] una carga sicológica
- （彼らに）大きなストレスを与える → causar(les) gran estrés
- （彼らに）心の支援を提供する → ofrecer(les) apoyo moral [名詞：oferta 提供]

074

74 El sistema electoral

選挙制度

¿Es diferente el sistema electoral de Japón al de España?

スペインと日本の選挙制度は違いますか？

Te lo explicaré por medio de las elecciones de la Cámara Baja de Japón, equivalente al Congreso de los Diputados de España. El de España es un sistema de representación proporcional, es decir, se determina el número de elegidos proporcionalmente al número de votos obtenidos por cada partido, por lo que los votantes sólo tienen que votar al partido. En el caso de Japón es un poco más complicado. A este sistema proporcional se le añade el de la circunscripción de un solo escaño. Por consiguiente, cada votante posee dos votos, uno para votar al partido que apoya siguiendo el sistema proporcional y otro a un candidato en particular según el sistema de la circunscripción de un solo escaño.

スペインの下院に相当する，日本の衆議院の選挙で説明しましょう。スペインは比例代表制，つまり，各政党に投票された投票数に比例して当選者数が決まる制度ですね。ですから，有権者は政党に対して１票投票するだけです。日本ではもう少し複雑で，比例代表制に加えて，小選挙区制という制度が組み合わされています。そのため投票者は１人２票を持っていて，１票を比例代表制で支持する政党に投票し，もう１票を小選挙区制で個人候補に投票する方式になっているのです。

日本紹介に役立つ表現

- **衆議院選挙を行う → celebrar** elecciones de la Cámara Baja［反義：la Cámara Alta 参議院］
- **政党に投票する → votar a** un partido (político)
- **政党を支持する → apoyar a** un partido (político)

¿Qué es la circunscripción de un solo escaño?

小選挙区制って何ですか？

Es un mecanismo según el cual por cada circunscripción solamente puede ser elegido un político. Japón actualmente está dividido en 300 circunscripciones, de las que salen elegidas 300 personas y las 180 restantes se eligen de acuerdo con el sistema de representación proporcional.

１つの選挙区から政治家が１人だけ当選できる選挙の仕組みのことです。現在のところ日本全国が 300 の小選挙区に分けられていて，300 人が選出され，比例代表制で残りの 180 人が選ばれます。

- （選挙区ごとに）政治家１人だけ**を選ぶ** → **elegir a** sólo un político (por cada circunscripción [distrito])
- 比例代表制**を有する** → **tener** un sistema de representación proporcional

¿A qué se debe la existencia de un sistema tan complicado?

なぜ，そんな複雑な制度にしたのですか？

Se dice que el sistema de la circunscripción de un solo escaño tiene la ventaja de facilitar el cambio de gobierno. En este sistema, al haber disponible un solo escaño por circunscripción, solamente puede salir elegido el candidato con mayor número de votos. De este modo, los partidos de los otros candidatos no pueden conseguir escaño. Se piensa que la victoria aplastante del Partido Demócrata en las elecciones generales de 2009 se debió a este sistema. Por el contrario, tal sistema desfavorece a los candidatos de los partidos minoritarios, por lo que difícilmente se ven reflejadas en la Dieta las opiniones minoritarias. Por eso, según dicen, se añadió el sistema de representación proporcional para que los partidos minoritarios estuvieran representados en la Dieta.

小選挙区制のメリットは，政権交代が実現しやすいことだと言われています。小選挙区制は，各選挙区の定員が１人なので一番得票数の多い候補者しか当選できません。だから，その他の候補者の政党は議席が獲得できません。2009年の総選挙で民主党が地滑り的に勝利したのも，小選挙区制のおかげだとされています。反面，この制度だと小政党の候補者は不利になり，少数意見が国会に反映されにくくなります。そこで，比例代表制も加えることで小政党も国会に代表を送ることができるようなったと言われています。

- 政権交代**を実現しやすくする** → **facilitar** el cambio de gobierno
- 議席**を獲得する** → **conseguir** un escaño
- 少数政党の候補者**を不利にする** → **desfavorecer a** los candidatos de los partidos minoritarios［反義：favorecer 有利にする］

075

La política y el dinero

政治と金

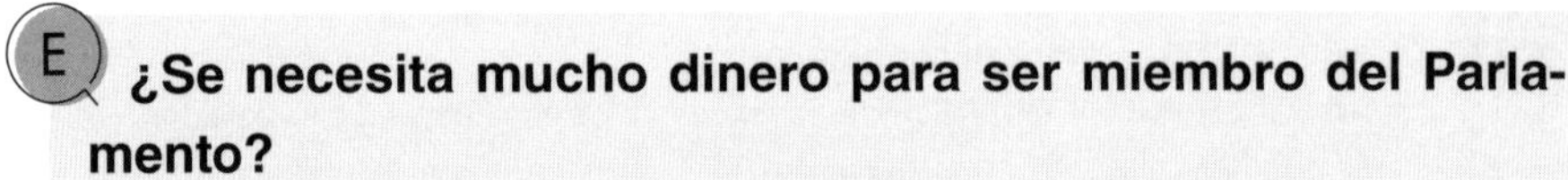

E **¿Se necesita mucho dinero para ser miembro del Parlamento?**

国会議員になるにはたくさんお金が必要ですか？

J Sí. En primer lugar, para poder presentarse como candidato electoral tiene que entregar una garantía de tres millones de yenes a la oficina judicial del distrito. Si el número de votos no alcanza una cifra preestablecida esa garantía se pierde. Este sistema existe para evitar que se presenten personas con el único fin de hacerse famosas.

はい。まず，選挙に立候補するには 300 万円の供託金を法務局に預けなければなりません。得票数が一定の基準に達しないと，このお金は没収されてしまいます。単に有名になりたいだけの人の立候補を防ぐためにこのような仕組みがあるのです。

- （選挙）候補として**立候補する** → **presentarse** como candidato (electoral)
- 保証金**を渡す** → **entregar** una garantía [una fianza]
- 有名**になる** → **hacerse** famoso/sa

E **¿Basta con tener esa cantidad de dinero?**

それを払う資金があれば，だいじょうぶなのですか？

J No. Se necesita una gran cantidad de dinero para la campaña electoral. Los gastos son variados: gastos de personal de la oficina electoral, gastos de publicidad incluyendo pósteres, etc., gastos de alquiler de la oficina y otros. Una parte de ellos se compensa con las ayudas para la campaña electoral, pero no es suficiente en absoluto. Además, si resulta elegido y se hace político, para llevar a cabo su actividad política se requerirá una ingente cantidad de dinero. Lo cierto es que con su sueldo de parlamentario y las ayudas no podrá cubrir gran parte de los gastos.

いいえ。その他にも選挙運動のためにたくさんのお金が必要です。事務員の人件費，ポスターなどの広告費，選挙事務所の賃貸料など，いろいろな出費があります。選挙運動のための助成金もありますが，それでは全く足りません。さらに，当選して政治家になると，政治活動のために莫大な費用が必要になるのです。議員としての給料や補助金では全く足りないのが現状なのです。

日本紹介に役立つ表現

- 選挙運動を行う → **llevar a cabo** una campaña electoral
- 人件費を払う → **pagar** los gastos de personal
- 当選する → **resultar** [salir] elegido/da

¿Qué se hace para cubrir la parte que falta?

不足分はどうしているのですか?

Para eso son imprescindibles las donaciones políticas. No obstante, la verdadera intención de las empresas que hacen las donaciones es conseguir que se tomen medidas beneficiosas para su empresa o para su sector industrial. De ahí que se caiga fácilmente en el soborno. Para evitar esto existe la Ley Reguladora de fondos políticos en la que consta que las empresas pueden hacer donaciones a los partidos políticos, pero no a los políticos personalmente. Aun así, no cesan por completo los casos de corrupción aprovechándose de vacíos legales.

そのために政治献金が必要になるのです。しかし，企業が献金する本音としては，自社や自分の業界に有利な政策を実現してほしいわけです。だから贈収賄事件に発展しやすいのですね。そのため，政治資金規正法という法律があり，企業は政党には献金できても，政治家個人には献金できないことになっています。しかし，法律の抜け道が使われて，汚職事件はなかなかなくなりません。

- 政党に献金［**寄付**］**をする → hacer donaciones a** los partidos políticos
- 汚職事件**が後を絶たない → no cesar** los casos de corrupción
- 法律の抜け道［空白］**を利用する → aprovecharse de** vacíos legales

Diferencia de un voto

一票の格差

E He oído algo sobre el problema de la diferencia de un voto. ¿Qué es eso?

一票の格差が問題になっていると聞きましたが，何のことですか？

J Se refiere a que, dependiendo del distrito electoral, el valor de un voto varía. Hay distritos con alto número de habitantes por cada parlamentario elegido (en las ciudades) y otros con pocos (en los pueblos). Debido a eso, aparece el problema de que para ser elegido en las ciudades son necesarios muchos más votos que en los pueblos.

選挙区によって１票の価値が異なることです。選出される議員１人当たりの人口が多い選挙区（都市部）と少ない選挙区（農村部）があるのです。そのため，都市部で当選するには，農村部で当選するよりもはるかにたくさんの得票数が必要になってしまったことが問題になっています。

● （国会の）議員を選ぶ → **elegir a** un legislador (parlamentario)

E ¿Por qué se ha llegado a tal situación?

なぜ，そんなことになってしまったのですか？

J Porque aunque la gente se traslade a vivir de las zonas rurales a las urbanas, el sistema electoral apenas se ha renovado. En la posguerra, el Partido Liberal Demócrata, que fue durante largo tiempo el partido del Gobierno, tenía sus bases en los pueblos, por lo que la mayoría de los parlamentarios eran elegidos en los distritos regionales. A esto se debía su falta de interés en cambiar el sistema electoral a pesar del aumento de la población en las ciudades. A raíz de eso se hizo cada vez más grande la diferencia entre los votos electorales. Y no sólo esto, la diferencia entre las generaciones también creció.

農村部から都市部へ人口が移っても，選挙制度があまり変更されなかったからです。戦後，長く政権与党だった自民党は，農村部に基盤を持つ政党で，議員の多くが地方の選挙区から選出されています。だから，都市部の人口が増えても選挙制度の変更に消極的だったのです。そうしているうちに一票の格差が広がってしまいました。このような都市と地方の格差に加えて，世代間の格差も広がっています。

- 農村部から都市部へ移動する → **trasladarse de** las zonas rurales **a** las (zonas) urbanas
- 選挙制度を新しくする → **renovar** el sistema electoral
- 世代間の格差が広がる → **crecer** [aumentar] la diferencia entre las generaciones

¿Qué quiere decir “diferencia entre las generaciones”?

「世代間の格差」って何のことですか？

J En el Parlamento muchos de los parlamentarios salieron elegidos de las zonas rurales por la diferencia de un voto. Gran candidad de votantes de los pueblos son de avanzada edad, siendo su apoyo decisivo a la hora de las elecciones. De este modo resulta difícil presentar proyectos impopulares entre los mayores como, por ejemplo, el recorte de las pensiones.

一票の格差の結果，国会では農村部で選ばれた議員が多いのです。農村部の有権者は高齢者が多いので，高齢者の支持が選挙の勝敗を左右します。そのために，高齢者に不人気な政策，たとえば，年金支給額を減らすような提案をすることは難しくなってしまっているのです。

- 高齢者である → **ser** de avanzada edad [de la tercera edad]
- 年金を減らす → **recortar** [reducir] la pensión [名詞：recorte 削減]

Polémica sobre la Constitución

憲法論争

E ¿Por qué se le llama a la Constitución japonesa la Constitución de La Paz?

日本の憲法が平和憲法と呼ばれているのはなぜですか？

J Porque en el artículo noveno de la Constitución se establece que "nunca hará la guerra ni tendrá fuerzas militares". Por esa razón tener ejército está prohibido. Japón perdió en la Segunda Guerra Mundial. Como resultado, la Constitución de Japón tomó esta forma bajo las directrices de América.

「永遠に戦争を行わない，戦力も持たない」ことが憲法第９条に規定されているからです。だから軍隊を持つことも禁じられています。日本は第二次世界大戦で負けました。その結果，日本の憲法はアメリカの主導でこのような形になりました。

- 平和憲法 → la Constitución de La Paz
- 憲法の第９条 → el artículo noveno de la Constitución
- 戦力［軍隊］を持つ → tener fuerzas militares［ejército］
- アメリカの主導［方針］で → bajo las directrices de América

E Pero, ¿Japón no tiene un ejército llamado *jieitai*, o sea Fuerzas de Autodefensa?

でも，日本には「自衛隊」という軍隊があるのではありませんか？

J Dice el Gobierno: Las Fuerzas de Autodefensa no constituyen un ejército ya que su equipamiento es mínimo y solo necesario para defender el país. En el caso de que Japón sea atacado no hay prohibición de defenderse, según la interpretación del Gobierno. Sin embargo, a muchas personas no les convence esto. De ahí que se haya venido desarrollando un movimiento para reformar la Constitución que reivindica: "haremos constar en la Constitución que Japón tiene un ejército propio de autodefensa". No obstante, se presenta muy difícil llevarlo a cabo puesto que la reforma de la Constitución requiere la aprobación de las dos terceras partes de las dos Cámaras.

「防衛のために必要最小限の装備しか持たないため自衛隊は軍隊ではない」というのが政府の見解です。日本が攻撃を受けた場合，防衛のために戦うことは禁じられていない，と政府は解釈しています。しかし，この解釈では納得できない人も少なくありません。「憲法を改正して自衛の軍隊を持つことを明記しよう」という憲法改正運動が展開されてきました。ただ，憲法改正は衆参両院で３分の２以上の賛成を必要とするため，実現へのハードルが非常に高いものになっています。

- 自衛隊 → Fuerzas de Autodefensa
- 国を守る → **defender** el país
- 憲法を改正する → **reformar** la Constitución

E ¿Qué piensan los que se oponen a la reforma de la Constitución?

憲法改正に反対する人たちはどんな意見なのですか？

J Por lo general, los miembros de los partidos izquierdistas, como el Partido Socialista Popular o el Partido Comunista, se oponen a la reforma de la Constitución. Algunas de las razones que alegan en contra son, entre otras, que, en el caso de que fuera reformada, existe la posibilidad de que Japón se convierta en un gran país armamentista y aumentaría la posibilidad de verse envuelto en una guerra indeseada. Su postura es que para mantener la paz en Japón es necesario que el artículo noveno de la Constitución se quede como está.

一般に，社民党や共産党など左派の人たちは改憲に反対しています。改憲すると，日本が軍事大国になる恐れがあること，のぞまない戦争に巻き込まれる可能性が高まること，などが反対の理由です。日本の平和のためには今のままの憲法第９条こそが必要だという立場なのです。

- 憲法改正**に反対する** → **oponerse a** la reforma de la Constitución
- （望まない）戦争**に巻き込まれる** → **verse envuelto en** una guerra (indeseada)

78 Educación escolar

学校教育

Infórmame sobre el sistema educativo en Japón.

日本の学校教育制度について教えてください。

Las principales escuelas son el jardín de infancia, la escuela primaria, la escuela secundaria, el instituto y la universidad. En el jardín de infancia se puede entrar normalmente desde los tres años. La escuela primaria tiene una duración de seis años, la secundaria tres, el instituto tres y la universidad cuatro. La educación obligatoria comprende las escuelas primaria y secundaria, es decir, desde los seis hasta los 15 años.

主な学校は，幼稚園，小学校，中学校，高等学校，大学です。幼稚園は通常 3 歳から入園できます。小学校は 6 年間，中学校は 3 年間，高校も 3 年間，そして大学が 4 年間です。小学校と中学校，年齢で言うと 6 歳から 15 歳までの期間が義務教育です。

日本紹介に役立つ表現

- 幼稚園，小学校，中学校，高校 → jardín de infancia, escuela primaria, escuela secundaria, instituto
- 義務教育 → educación obligatoria

¿Es cierto que los libros de texto son gratuitos en la educación obligatoria?

義務教育で教科書が無料だというのは本当ですか？

J Si, son gratis. Aunque vivas en el extranjero, por ejemplo, te envían desde Japón los libros de texto gratis durante el periodo de la educación obligatoria. Por cierto, en España hay que pagar los libros de texto, ¿verdad? He oído decir que al empezar el nuevo curso en las librerías y grandes almacenes dedican un gran espacio a la venta de libros de texto.

はい，無料です。たとえ海外に住んでいても，義務教育期間なら日本から教科書を送ってもらえるのです。そういえば，スペインでは教科書が有料でしたね。新学年になると，本屋さんやデパートに大規模な教科書販売コーナーができるそうですね。

●新学年が始まる → **empezar** el nuevo curso

E **Así es. En España los libros de texto son muy caros. Por tal motivo, para los padres de los niños en edad escolar cada año esta época representa una gran carga financiera. Además, muchos padres se preocupan de si sus hijos podrán subir de curso cada año o no. Según me han dicho, en Japón todos pasan de curso en la etapa de la educación obligatoria. ¿Es verdad?**

はい。スペインの教科書は高いです。だから，子どものいる親にとって年に一度の教科書代金の出費は大きな負担です。さらに，子どもが毎年ちゃんと進級できるかどうか不安に思っている親も少なくありません。日本の義務教育では落第がないと聞きました。これは本当ですか？

J En Japón también está reconocido legalmente el suspenso en la educación obligatoria. Eso es en el caso de malas notas o ausencia prolongada. Aun así, en la práctica, por lo general, no se aplica. En la mayoría de los casos, por muchas que sean las faltas de asistencia del estudiante finalmente se le permite graduarse. En opinión de algunos, en tal caso, sería mejor hacerles repetir curso durante la educación obligatoria, pero todavía no se ha llegado a un acuerdo a nivel nacional.

法律上は日本でも，義務教育における落第は認められています。成績不良や長期欠席の場合です。しかし，実際問題としてこのような法律が適用されることはほとんどありません。どんなに欠席が多い不登校の生徒であっても，最終的に卒業させているケースが大部分なのです。義務教育でも留年をさせるべきだという意見もありますが，まだ国民的な合意には至っていません。

- 経済的負担になる → representar una carga financiera
- 進級する → subir de curso [aprobar el curso]
- （たくさん）欠席する → tener (muchas) faltas de asistencia
- 留年する → repetir curso [no aprobar el curso]

79 Exámenes de ingreso a la universidad ahora y antes

大学入試の今と昔

E **¿Cómo se realizan los exámenes de ingreso a la universidad japonesa?**

日本の大学入試はどのように行われているのですか？

J En los últimos años, los exámenes de ingreso a la universidad se han diversificado mucho. Antes en la época de las generaciones anteriores, la admisión se determinaba mediante un único examen de ingreso escrito, pero ahora en la de sus hijos, han aumentado significativamente los métodos de selección propios de cada universidad para evaluar a los estudiantes teniendo en cuenta diversos criterios como las notas del instituto, conposiciones, entrevistas etc. En las universidades privadas de hoy en día, sólo alrededor del 50% del número total de estudiantes son seleccionados únicamente por los exámenes de ingreso escritos.

近年，大学入試はとても多様化しています。かつて親の世代が受験したころは，筆記試験による一回限りの入試で合否が決まったのですが，今の子の世代では，筆記試験の代わりに高校の成績，小論文，面接等さまざまな基準で人物を評価する，大学独自の選抜方式が大幅に増えています。今の私立大学だと，筆記試験中心の選抜方法の定員は全体の５割程度しかありません。

- ●大学入学試験を多様化する → **diversificar** los exámenes de ingreso a la universidad ［反義：unificar 統一する］
- ●（筆記試験で）合否［入学］を決める → **determinar** la admisión (mediante un examen escrito)
- ●学生を評価する → **evaluar** ［valorar］ **a** los estudiantes

E ¿Cómo se preparan los estudiantes de instituto para el examen de ingreso?

高校生たちはどのようにして入試の準備をしているのですか？

J En la generación de sus padres, estos estudiaban en academias y escuelas preparatorias además del instituto. En cambio, ahora se dice que muchos usan los móviles y las tabletas para estudiar con aplicaciones educativas en Internet. Los cursos en línea especializados para la preparación de exámenes de ingreso gozan de fama entre los alumnos. La razón es que les ofrece videos de lecciones de alta calidad impartidas por los profesores más populares en las principales academias y escuelas preparatorias. El secreto de su popularidad también reside en su cuota mensual muy asequible.

親の世代のころは，高校の勉強に加えて，塾や予備校でも勉強しました。今の受験生は，スマホやタブレットを使って，インターネットの教育アプリで勉強する人が多いそうです。受験勉強に特化したオンライン講座が評判です。その理由は，大手塾や予備校の人気講師による質の高い動画講義を見ることができるからです。月額料金がとても低額なのも人気の秘密です。

- 教育アプリで**勉強する** → **estudiar** con aplicaciones educativas
- 学生の間で**評判だ** → **gozar de fama** entre los alumnos
- （質の高い）授業**を行う** → **impartir**［dar］**lecciones** (de alta calidad)

E Comprendo. Entonces eso constituye una amenaza para las academias y escuelas preparatorias, ¿no?

なるほど。それなら塾や予備校にとっても脅威でしょうね？

J Sí, debido a su bajo coste y a la efectividad de su aprendizaje, más de 700 escuelas secundarias superiores en Japón lo han introducido como material didáctico. La desventaja del curso es que no se puede contestar a las preguntas individuales, pero si se introduce en la escuela, los profesores pueden enmendar este problema respondiendo a las dudas de cada alumno. Los estudiantes de hoy tienen suerte, ¿verdad?

はい，低コストで学習効果が高いことから，今では全国700以上もの高校でも教材として導入されています。このコースの弱点は，疑問が生じても質問できないことなのですが，高校で導入すれば，生徒の疑問には高校の先生が答えることもできます。今どきの受験生は恵まれていますね。

- （塾にとって）脅威**になる** → **constituir** una amenaza (para las academias)
- そのアプリ**を**（教材として）**導入する** → **introducir** la aplicación (como material didáctico)
- （個人の）質問**に答える** → **contestar** [responder] **a** las preguntas (individuales)

080

Educación relajada y caída del rendimiento académico

ゆとり教育と学力低下

¿Qué quiere decir educación relajada?

ゆとり教育って何ですか？

J Educación relajada es lo contrario de educación condensada. Esta última da prioridad a la memorización de gran cantidad de conocimientos. La relajada se introdujo como un método educativo que fomentara ideas más libres para recuperar la tranquilidad mental de los estudiantes reduciendo la carga de los estudios. Tras este intento está el reconocimiento de que la extremada educación condensada y la fuerte competitividad de los exámenes de entrada de los centros educativos daña a los niños mentalmente. Por tal motivo en 2002, bajo el marco de la educación relajada, en las escuelas primarias se redujo el contenido a enseñar y se introdujo el sistema de enseñanza de cinco días lectivos a la semana. Se probó a su vez este sistema en las escuelas secundarias e institutos. Sin embargo, con el tiempo, estas directrices llegaron a ser criticadas por la sociedad.

ゆとり教育とは，大量の知識の暗記を重視する詰め込み教育とは逆の教育のあり方です。生徒の勉強の負担を減らして，心の余裕を取り戻し，自由な発想力を育てるための教育として導入されました。背景には，激しい受験競争と極端な詰め込み教育が子どもたちの心の余裕を奪っているという認識があります。そこで，ゆとり教育の一環として，2002 年文部科学省の指導で，小学校で教える内容が削減され，週 5 日制が導入されました。中学や高校でもゆとり教育が導入されました。ところがその後，この方針が社会的な批判を受けるようになったのです。

- 暗記を優先する → **dar prioridad a** la memorización
- （学生たちの）心のゆとりを取り戻す → **recuperar** la tranquilidad mental (de los estudiantes)
- 勉強の負担を減らす → **reducir** la carga de los estudios
- これらの方針を批判する → **criticar** estas directrices [políticas]

Y eso, ¿por qué?

それは，いったいどうしてですか？

Eso se debe a la creciente opinión de que el rendimiento académico de los estudiantes se redujo debido a la disminución de los contenidos de aprendizaje y al tiempo dedicado al mismo por causa de la educación relajada. Esta crítica se difundió porque un prestigioso informe internacional de evaluación de estudiantes puso de relieve que las calificaciones en 2004 cayeron en picado.

ゆとり教育で学習時間や学習内容が減らされたために，生徒の学力が下がったと指摘されるようになったからです。また，2004 年に，「OECD 生徒の学習到達度調査（PISA2003）」で生徒たちの成績が低下したこともきっかけでした。

日本紹介に役立つ表現

- 学力［（学問上の）生産性］が下がる → **reducirse** [bajar] el rendimiento (académico)
- 成績の悪さ［悪い成績］を浮き彫りにする → **poner de relieve** las malas calificaciones [notas]

¿Qué pasó después con la educación relajada?

ゆとり教育はその後どうなったのですか？

J

Finalmente se volvió a aumentar el contenido y el número de horas de la enseñanza. A eso se le llamó “Anti-educación relajada”. No obstante, volviendo al método de aumentar las horas de enseñanza y el aprendizaje de memoria no se resuelven los diversos problemas a los que se enfrenta la educación en Japón, por lo cual aún hoy en día continúa el debate sobre los métodos educativos.

結局，学習内容や学習時間は 2011 年から再び増やされることになりました。これは「脱ゆとり教育」と呼ばれました。ただし，授業時間や暗記中心の教育を増やすやり方に戻ることで，日本の教育が抱えているさまざまな問題を解決できるわけではないので，教育方法をめぐる議論は今も続いています。

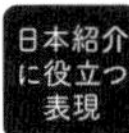

- 授業の時間数**を増やす** → **aumentar** las horas de enseñanza
- （さまざまな）問題**に直面する** → **enfrentarse a** [afrontar] (diversos) problemas

081

81 Universidades japonesas

日本の大学

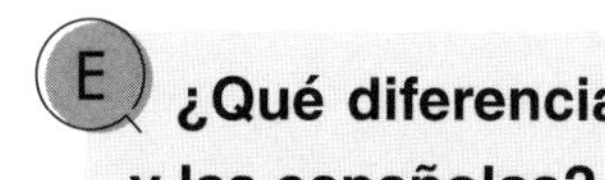

E **¿Qué diferencias hay entre las universidades japonesas y las españolas?**

スペインと日本の大学ではどんな違いがありますか？

J En las universidades japonesas hay una gran competencia para entrar, por lo que la preparación para el examen es muy dura. Creo que, antes de entrar, muchos japoneses estudian más que los jóvenes españoles de su misma edad. Sin embargo, después de entrar, el listón para poder pasar de curso es mucho más generoso que en España y la mayoría de los universitarios pueden graduarse en cuatro años aunque no estudien con tanto ardor. Me parece que, si comparamos a los de ambos países, los españoles estudian más en conjunto.

日本の大学は，競争倍率の高い入学試験があり，受験勉強もなかなか大変です。だから，入学前は，同世代のスペイン人よりもよく勉強している人が多いと思います。しかし，入学後は，進級基準がスペインよりも寛大で，それほど熱心に勉強しなくても大部分の学生が４年間で卒業できてしまいます。ですから，大学生同士を比べるとスペイン人のほうが全体としてよく勉強しているのではないでしょうか。

日本紹介に役立つ表現

● 進級のための基準を上げる → **subir** el listón [el nivel] para pasar de curso

Ya veo. ¿Hay alguna otra diferencia?

なるほど。その他にも違いはありますか？

En las universidades japonesas hay una sección que se encarga de ayudar a buscar trabajo a los estudiantes dándoles información sobre las empresas, enseñándoles a escribir un currículum, haciendo ensayos de las entrevistas, guiándoles en la forma de buscar empleo, dando cursos sobre la forma de hacer los exámenes de selección del personal, etc.

日本の大学には就職活動を支援する部署があります。企業情報の提供，履歴書の書き方のアドバイス，模擬面接，就活ガイダンス，採用試験対策講座など，さまざまな就職支援サポートを行っています。

- 学生を就活で［職を探すことで］**支援する** → **ayudar a** los estudiantes **a** buscar trabajo［empleo］
- 履歴書**を書く** → **escribir** un currículum
- 模擬面接［面接のリハーサル］**を行う** → **hacer** ensayos de la entrevista
- 採用の試験**を行う** → **hacer** los exámenes de selección del personal

¿Por qué la universidad hace tal cosa?

なぜ，大学がそんなサポートを行っているのですか？

En Japón, a diferencia de España, existe la costumbre de emplear cada año a los recién graduados en bloque. Con este sistema, una vez al año, las empresas ofrecen trabajo a los que van a graduarse al año siguiente realizando un examen de selección mientras están en el último curso para que puedan empezar a trabajar inmediatamente después de la graduación. Por lo tanto, en la mayoría de los casos, se determina el trabajo de los universitarios antes de terminar la carrera. De este modo, el índice de empleo de los universitarios tiene una estrecha relación con la fama de la universidad. El hecho de que las universidades que se precian de colocar mejor a sus estudiantes en las grandes empresas tengan mayor número de aspirantes a entrar en ellas, dio lugar a que se creara una gran competencia entre las universidades en las secciones de ayuda al empleo.

スペインと違い，日本には新卒一括採用の習慣があります。これは各企業が卒業予定の大学生を対象に毎年まとめて求人し，在学中に採用試験を行って，卒業後すぐに勤務させるという制度です。したがって，大部分の大学生は在学中に，就職先が決まるのです。そのため，学生の就職率が大学の評価につながります。大企業への就職率が高い大学ほどたくさんの受験生を集めることができるので，各大学は競って就職支援活動を行うようになりました。

●学位を取得する［大学課程**を修了する**］→ **terminar** la carrera (universitaria)

●大学入学**を希望する** → **aspirar a** entrar en la universidad［名詞：aspirantes a entrar en la universidad 大学入学希望者］

Búsqueda de empleo de los universitarios

就　活

E **Tengo entendido que los universitarios japoneses empiezan a buscar empleo antes de graduarse, ¿por qué?**

日本の大学生は在学中に就職活動を行うそうですが，それはなぜですか？

J Eso se debe a que es muy elevado el número de empresas que cada año emplean de una vez a los estudiantes recién graduados. Por consiguiente, la búsqueda de empleo empieza ya desde la misma universidad. Durante el cuarto curso los estudiantes suelen dedicar bastante tiempo para estas actividades de búsqueda de empleo.

非常に多くの企業が毎年，新卒の大学卒業生を一斉に採用するからです。そのため，就職活動は在学中に行われています。学生たちは４年生のかなりの期間をこの就職活動のために使っています。

- 新卒の大学生を採用する → **emplear** [contratar] **a** los estudiantes recién graduados
- 仕事を探すために時間を使う → **dedicar** [usar] tiempo **para** buscar empleo
- 就活 → (actividades de) búsqueda de empleo

E **Entretanto, ¿cómo hacen para seguir con sus estudios universitarios?**

その間，大学生としての勉強はどうなるのですか？

J En realidad, eso constituye un grave problema, ya que, mientras duran las actividades de búsqueda de empleo, los universitarios no pueden dedicarse de lleno al estudio. Por tal motivo, de 1973 a 1996 existía un convenio entre las universidades y las empresas según el cual, hasta una época determinada, las empresas no podían tener contacto con los estudiantes. Se estableció que las actividades relacionadas con la búsqueda de empleo darían comienzo oficialmente en septiembre del cuarto curso. Sin embargo, este convenio se abolió a petición de las empresas.

実際，それが大きな問題になっています。就職活動の期間中は，学生たちは勉強に専念できなくなってしまうからです。そのため，1973 年から 1996 年の間，大学と企業の間に，一定の時期まで企業から大学生にアプローチしないという就職協定がありました。そして，就職活動の公式の開始時期は 4 年生の 9 月からと決められました。しかし，この就職協定は企業側からの要請で最終的に廃止されてしまったのです。

- 勉強に（完全に）従事する → **dedicarse** (de lleno) **a**l estudio
- 学生に連絡をとる → **tener contacto** [contactar] **con** los estudiantes
- 協定を廃止する → **abolir** [cancelar] el convenio

Y eso, ¿por qué?

それは，なぜですか?

J Eso se debió a que, ya en esa época, no se respetaba prácticamente tal convenio. Siempre había empresas que, haciendo caso omiso de éste, intentaban ponerse en contacto con los estudiantes desde una época más temprana con la finalidad de poder emplear al máximo número de estudiantes destacados adelantándose a las demás empresas. Así que, siendo conocida por todos la inutilidad del convenio, acabó por abolirse. A raíz de eso, la búsqueda de empleo comenzó más pronto resultando más larga esta etapa.

実は，就職協定はその当時でもあまり守られていなかったからです。1 人でも多くの優秀な学生を確保するために，就職協定を無視して，早い時期から学生に接触しようとする企業が後を絶ちませんでした。だから就職協定は有名無実化し，最終的に廃止されてしまったのです。その結果，就職活動はさらに早期化・長期化してしまいました。

●協定を無視する → hacer caso omiso del [no respetar el] convenio
●他の企業に先んじる → adelantarse a las demás empresas [反義：quedarse atrás 遅れをとる]

第5章

Miscelánea

日本のいろいろ

83 Reforma educativa del inglés

英語教育改革

¿Hablan los japoneses inglés?

日本人は英語を話せますか？

J Aunque hay cada vez más personas que hablan inglés, muchas personas mayores no pueden defenderse en ese idioma. Esto probablemente se debe a que la educación del inglés solía centrarse en la gramática y la traducción. Antes, se impartían clases de inglés dando importancia a los conocimientos de gramática y vocabulario y ofrecían pocas oportunidades para emplear inglés activamente. Pero ahora se da prioridad a la comunicación, y la educación del inglés está atravesando por un cambio profundo. En el trasfondo está el progreso de la globalización, lo que acrecienta cada vez más la demanda de trabajadores con dominio del inglés en el sector industrial, y en 2013 el Ministerio de Educación, Cultura, Deportes, Ciencia y Tecnología inició una reforma a gran escala de la educación del inglés.

話せる人は昔よりは増えてはいますが，年配の人の多くは英語は話せません。これは，英語教育が昔は文法訳読中心だったことが大きく影響しているのだと思われます。当時は，文法や語彙等の知識がどれだけ身に付いたかという観点で授業が行われ，英語を使って活動することはほとんど行われていませんでした。しかし今ではコミュニケーションが重視され，英語教育は様変わりしています。この背景にはグローバリゼーションの進行があります。その結果，産業界でも英語のできる人材が求められるようになり，文部科学省は 2013 年より本格的に英語教育改革に着手しました。

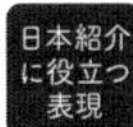

- 英語**を話せる** → **defenderse en** inglés [参考：defenderse en ～で何とかやっていける]
- 文法と訳読**に集中する** → **centrarse en** la gramática y la traducción
- 英語の授業**を行う** → **impartir** [dar] clases de inglés

¿Cómo ha cambiado?

どのように変化したのですか？

En la educación secundaria básica, se ha puesto énfasis en aprender a intercambiar opiniones y sentimientos en inglés, y en la secundaria superior se recomienda que los estudiantes participen en una amplia gama de actividades comunicativas, como presentaciones, debates y negociaciones. En el pasado, todas las explicaciones se daban en japonés, pero ahora hay cada vez mayor número de clases donde se usa sólo inglés. Otra gran diferencia es que se ha comenzado a aprender inglés desde la escuela primaria. El propósito es cultivar la base de la capacidad comunicativa familiarizándose al mismo tiempo con la pronunciación inglesa.

中学校では，互いの意見や気持ちを英語で伝え合う学習を重視し，高校では幅広い話題について発表，討論，交渉などの言語活動を豊富に体験させることが推奨されるようになりました。以前は，説明はすべて日本語で行われていましたが，ほとんど英語だけを使って行う授業もどんどん増えてきました。また，小学校から英語を学ぶようになった点も大きな違いです。英語の音声に慣れ親しませながらコミュニケーション能力の基礎を養うのが目的です。

日本紹介に役立つ表現

- 英語**に慣れる** → **familiarizarse con** el inglés [acostumbrarse al inglés]

¿Está dando buen resultado la reforma?

改革はうまく進んでいますか？

(J) Las escuelas que participan en iniciativas avanzadas han comenzado a utilizar tabletas, ordenadores personales y pizarras electrónicas para intercambiar opiniones con escuelas del extranjero. Como logro de la educación en inglés en las escuelas primarias, el 70% de los estudiantes de primaria dijeron que les gustan las clases de inglés (encuesta del Ministerio de Educación, Cultura, Deporte, Ciencia y Tecnología, 2012).

Por otra parte, el problema consiste en que muchos profesores tienen que enseñar y evaluar el inglés de una manera significativamente diferente del método de educación de inglés que han recibido, y se convierte en un desafío cómo capacitar a los profesores para que puedan responder a estas nuevas necesidades.

先進的な取り組みを行う学校では，タブレット，PC，電子黒板等を活用し，海外の学校と交流して，意見交換するなどの取り組みも行われるようになりました。また小学校の英語教育の成果として，小学生の７割が英語の授業が好きと答えています（文部科学省調査 2012）。

一方，問題点としては，多くの現職教員が，自分が受けてきた英語教育とは大きく異なる方法で指導や評価を行うことが求められ，そのことに対応できる教員を養成するための研修が課題となっています。

- （彼らにとって）うまくいく［**いい結果を生む**］→ **dar**(les) **buen resultado**
- 先進的な取り組み**に参加する** → **participar en** iniciativas avanzadas
- 意見**交換する** → **intercambiar** opiniones
- 教員**を養成する** → **capacitar** ［formar］ **a** los profesores

84 Impacto de *ukiyoe*

浮世絵のインパクト

E **¿Es cierto que *ukiyoe* de Japón tuvo un gran impacto en la pintura occidental?**

日本の浮世絵が西洋絵画に強いインパクトを与えたというのは本当ですか？

J Sí, a finales del siglo XIX *ukiyoe* se transmitió a Occidente y obtuvo una gran popularidad, ya que era un arte pictórico totalmente distinto del occidental de esa época. Especialmente causó un fuerte impacto entre los jóvenes pintores impresionistas, quienes plasmaron en sus cuadros las características de *ukiyoe*. Entre ellos, destacó por su entusiasmo Van Gogh del que se dice que llegó a coleccionar unas 500 obras de *ukiyoe*.

はい，19 世紀末，浮世絵が欧米に伝えられ，大評判になりました。当時の西洋絵画とはまったく違った画風だったからです。中でも，印象派の若手画家たちは強い衝撃を受け，浮世絵の特徴を自分たちの作品に取り入れるようになりました。特に熱心だったのがゴッホで，500 点近くもの浮世絵を収集していたそうです。

日本紹介に役立つ表現

- 西洋絵画に強いインパクトを与える → tener [causar] un gran impacto en la pintura occidental
- 西洋に伝わる → transmitirse a Occidente
- 熱意で抜きんでる → destacar [sobresalir] por su entusiasmo

E **¿Cómo llegó a conocerse en Occidente?**

どうして欧米に知られるようになったのですか？

J Originalmente se extendió por todo Japón como un entretenimiento del pueblo en la era de Edo (1603-1867). *Ukiyoe* de actores de *kabuki* y de bellas mujeres eran tan populares como los manga o las colecciones de fotografías de los ídolos en la actualidad. En la segunda parte del siglo XIX, llegó a Europa una gran cantidad de obras de artesanía japonesas. Los papeles que envolvían las piezas de cerámica, eran dibujos de *ukiyoe*. Así se conoció éste en Occidente.

もともと浮世絵は江戸時代（1603-1867）の庶民の娯楽として日本国内で広く普及していました。歌舞伎役者や美人画の浮世絵は，今のマンガやアイドルの写真集のようにもてはやされていたのです。19 世紀の後半，国内の工芸品がヨーロッパに大量に渡りました。そのとき，陶器を包む包装紙として使われていたのが浮世絵だったのです。これがきっかけとなり，欧米人は浮世絵の存在を知りました。

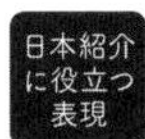

- 庶民の娯楽として → como un entretenimiento del pueblo
- 工芸品**を鑑賞する** → **apreciar** las obras de artesanía
- **陶器を包装する** → **envolver** las piezas de cerámica

E **¿En qué puntos influyó *ukiyoe* en la pintura occidental?**

浮世絵のどこが西洋絵画に影響を与えたのですか？

J En el uso de colores chillones, atrevidas deformaciones, etc. que son características de la técnica de *ukiyoe*. El largo aislamiento de Japón provocó un desarrollo peculiar en la pintura también. A su vez, a fines del siglo XIX, los artistas de Occidente tenían una sensación de estancamiento por la difusión del realismo tras el Renacimiento. Fue entonces cuando los artistas se toparon con *ukiyoe* y descubrieron una posibilidad de romper los moldes tradicionales.

奇抜な色使いや，大胆なデフォルメなど，浮世絵独特の技法です。日本は長い間の鎖国で絵画も独自の発展をとげていました。一方，19 世紀末の欧米の芸術家たちはルネッサンス以降，写実主義があまりにも一般化し，閉塞感を感じていたのだそうです。そんなときに出合ったのが浮世絵でした。芸術家たちはそこに伝統を打ち破る可能性を見いだしたのです。

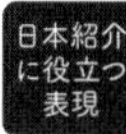

- けばけばしい色**を使う** → **usar** colores chillones [muy llamativos]
- 閉塞感 [停滞感] **をもつ** → **tener** una sensación de estancamiento
- 伝統的な型**を破る** → **romper** los moldes tradicionales

085

85 Matrimonios con apellidos diferentes

夫婦別姓

E **En España la mujer cuando se casa no cambia de apellido, pero las japonesas sí, ¿verdad?**

スペインでは結婚後も名字は変わりませんが，日本人の女性は名字が変わるのですね?

J Según el Derecho Civil japonés, al casarse, uno de los cónyuges tomará el apellido del otro. Por consiguiente, es legal que el marido adopte el apellido de la mujer. No obstante, en la práctica, es mucho mayor el número de mujeres que toman el apellido del marido. Sin embargo, en la actualidad, muchas mujeres opinan que aunque se casen quieren conservar el apellido de cada uno.

日本の民法では，結婚したら夫婦どちらか一方の名字を使うようにと決まっています。だから，法律上は男性が女性の名字を選んでも構わないのです。でも，実際には，圧倒的多数のケースで女性が男性の名字を選んでいます。しかし，今では結婚しても別々の名字を名乗りたいという意見が女性からたくさん出てくるようになりました。

- 名字を変える → cambiar de apellido
- 日本の民法によれば → según el Derecho Civil japonés
- 夫の名字を選ぶ → tomar [elegir] el apellido del marido
- それぞれの名字を残す → conservar el apellido de cada uno

E **¿A qué se debe eso?**

それはなぜですか?

J Es una opinión injusta desde el punto de vista de la igualdad de género que cambie únicamente el apellido de la mujer. Otra de las razones es que resulta inconveniente el cambio de apellido cuando la mujer continúa trabajando tras su casamiento. Es un engorro tener que transmitírselo a las personas relacionadas con su trabajo, así como tener que hacer de nuevo todos los documentos en los que constaba su nombre anterior. Por todo esto, se presentó una propuesta llamada "Sistema de apellido matrimonial elegible". Es un sistema por el que "se permite, si el matrimonio lo desea, que cada cual conserve sus respectivos apellidos después de casarse". De acuerdo con esto, se puede elegir como hasta ahora un apellido uniforme o uno para cada uno. Aun así, hay fuertes críticas respecto a esto, no habiéndose llegado a un acuerdo a nivel nacional.

一つは男女平等の観点から，女性の名字だけが変わるのは不公平だという意見です。もう一つは，女性が結婚後も働くとき名字が変わると不便だからです。仕事の関係者に通知するのもやっかいですし，自分の名前の入っている書類を全部作り直すのも大変です。そこで，「選択的夫婦別姓制度」という提案が出されました。これは，「夫婦が望む場合には，結婚後も夫婦がそれぞれ結婚前の名字を使うことを認める制度」のことです。これだと，今までどおりの単一名字を選ぶことも，夫婦別姓を選ぶこともできるわけです。しかし，これには反対論も根強く，国民的な合意には至っていません。

- 男女平等**を推進する** → **promover** la igualdad de género [sexos]
- 手続きがやっかいだ → **ser** un engorro [una molestia] hacer los trámites

E **Me parece una opinión bastante lógica. ¿Cómo es que hay opiniones en contra?**

私には合理的な意見に思えます。なぜ反対する人がいるのですか？

J Hay dos razones en contra principalmente. Una se debe a la preocupación de que se pierda el sentido de unidad de la familia. Otra es el temor a la influencia en los hijos. Se piensa que sí los padres tienen diferentes apellidos pueden sufrir acoso. Por lo tanto, la reforma legal es una tarea ardua.

主な反対理由は二つあります。一つは，夫婦別姓を認めると，家族の一体感が失われるという心配です。もう一つは，子どもへの影響の不安です。親が別姓だと子どもがいじめられるのではという心配が根強いのです。そんなわけで法律改正への道は険しいのです。

●家族の一体感**を失う** → **perder** el sentido de unidad de la familia
●いじめ**られる** → **sufrir** acoso [hostigamiento]

86 Terremotos

地　震

Japón es ciertamente un país de terremotos.

日本は本当に地震が多いですね。

Efectivamente. Es uno de los países con más temblores de tierra. Normalmente sólo llaman la atención los grandes terremotos como el Gran terremoto de Hanshin y Awaji en 1995 o el Gran terremoto de Japón Oriental en 2011. No obstante, cada día ocurren pequeños temblores. Según se dice, son entre 1.000 y 1.500 los movimientos que podemos sentir al año.

そのとおり。世界有数の地震国です。1995 年の阪神・淡路大震災や 2011 年の東日本大震災などの大地震ばかり注目されますが，小さな地震も毎日のように起こっているのですよ。人間が身体で感じることのできる地震は 1 年間で 1,000 回から 1,500 回も起こっているのだそうです。

日本紹介に役立つ表現

●地震が起こる → ocurrir temblores de tierra [terremotos, sismos]

¿Por qué hay tantos temblores?

なぜ，そんなに地震が多いのですか？

¿Has oído alguna vez la palabra “placa tectónica”? La superficie de la Tierra está cubierta por varias capas de gigantescas placas rocosas. A éstas se las llama "placas tectónicas". Cada una de las placas se mueve lentamente chocando entre sí a veces. Se dice que este movimiento provoca los temblores. Los grandes se producen en el borde de las placas. Ocurren tantos terremotos porque alrededor de Japón existen hasta cuatro placas tectónicas. El que se produzcan tantos sismos es inevitable en Japón.

「プレート」という言葉を聞いたことがありますか？　地球の表面は，何枚もの巨大な岩板で覆われています。これを「プレート」と言います。それぞれのプレートはゆっくり動いていて，互いにぶつかり合ったりしています。地震はこの動きで起こるのだそうです。大きな地震はプレートの境目で起こります。日本の周りには４つもプレートがあるので，それでこんなに地震が多いのです。大きな地震が繰り返し起きることも日本の宿命なのですね。

●プレートの境目で**起こる** → **producirse** en el borde de las placas

¡No sé cómo pueden vivir tan tranquilos!

よく平気で暮らしていけますね！

J El sentimiento de riesgo de terremotos acompaña siempre a los japoneses. En los hipermercados y centros de bricolaje hay una sección de artículos de emergencia donde se venden artículos anti terremotos para el hogar y en la mayoría de las casas los muebles están sujetos al techo o a la pared pensando en los temblores. También la normativa de construcción nacional contiene medidas contra los terremotos y al construir un edificio deben cumplir las normas de resistencia contra estos. Asimismo existe un mapa de emergencia en el caso de desastres naturales en cada zona administrativa y están determinados los lugares de refugio de cada localidad. Además, periódicamente se llevan a cabo entrenamientos en las escuelas y en algunos lugares de trabajo también.

日本人は普段から地震に対する特別な危機感を持って生活しています。大型スーパーやホームセンターには防災コーナーがあり，家庭用の地震対策グッズを売っているし，多くの家では地震に備えて家具を天井や壁に固定しています。国の建築基準法にも地震対策があって，建物を建てるときは耐震基準を満たさなければなりません。また，各地域の防災マップも整備されていて，町ごとに緊急の避難所も決められています。子どもたちは学校で定期的に防災訓練を行っていますし，職場でも行っているところもあるのですよ。

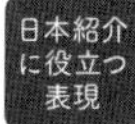

- 防災グッズを用意する → preparar artículos de emergencia
- 家具を壁に固定する → sujetar [fijar] los muebles a la pared
- 耐震の基準を満たす → cumplir [satisfacer] las normas de resistencia contra terremotos
- ハザード［防災］マップを見る → ver el mapa de emergencia
- 避難所に避難する → refugiarse en un lugar de refugio

87 Grupos sanguíneos

血液型

E ¿Por qué a los japoneses les gusta hablar de los grupos sanguíneos?

日本人はなぜ血液型の話題が好きなのですか？

J Umm... En una conversación normal los españoles no sacan a relucir el tema de los grupos sanguíneos. He oído decir que la mayoría de ellos no sabe ni siquiera cuál es su grupo sanguíneo. El interés de los japoneses radica en que varias veces se ha puesto de moda adivinar el carácter según el grupo sanguíneo.

そうですね。スペイン人の日常会話で血液型の話はまずでてきませんよね。だいたい，自分の血液型を知らない人だって珍しくないと聞いたことがあります。日本人が血液型に関心があるのは，血液型による性格診断が何度も流行したからでしょう。

- 血液型の話題をとりあげる → **sacar a relucir** [mencionar] el tema de los grupos sanguíneos
- （血液型で）性格を占う → **adivinar** el carácter (según el grupo sanguíneo)

E ¿Cómo es eso?

それは何ですか？

J Es un método para saber el carácter de las personas mediante el grupo sanguíneo al que pertenecen. Por ejemplo, a veces se dice que los del grupo A son escrupulosos y se esfuerzan mucho para ser solícitos; los del grupo B van a su aire sin preocuparse mucho de los demás; los del AB tienden a tener doble personalidad; y los del O son generosos con dotes de líder. Muchos creen en este tipo de adivinación. Por eso se habla de ello normalmente, pudiendo oír conversaciones como: "¿Cuál es tu grupo sanguíneo?" o "¡Ah! Eres del grupo A, como yo pensaba".

血液型で人間の性格を診断する方法です。たとえば，A 型は几帳面で周りに気配りするタイプ，B 型はマイペースで人目をあまり気にしないタイプ，AB 型はやや二重人格的な性格，O 型はおおらかで親分肌などと言われることがあります。日本人は，このような性格診断を信じている人が少なくありません。だから日常生活でもよく話題にされ，「あなたの血液型は何？」「あなたはやっぱり A 型なのね」などといったやりとりを耳にするのです。

- 几帳面である → ser escrupuloso/sa
- 気配りができる → ser solícito/ta [atento/ta]
- 我が道を行く → ir [actuar] a su aire
- 親分肌だ [リーダーの資質がある] → tener dotes [aptitudes] de líder

E **Entiendo. Y eso, ¿tiene alguna base científica?**

なるほど。それで，科学的な根拠はあるのですか？

Nunca se ha demostrado científicamente, pero se generalizó hasta tal punto porque se publicaron muchos libros relacionados con el reconocimiento del carácter a través del grupo sanguíneo y por haber sido tratado el tema en los medios de comunicación. Es algo parecido al hecho de que muchos españoles crean en el horóscopo. No importa si tiene base científica o no, se tiene la impresión de que acierta y es uno de los temas que sirve para animar el ambiente entre todos.

科学的に証明されたことは一度もありません。しかし，血液型性格診断の本がたくさん出版されたことやマスコミでも話題になったことから，こんなに一般化したのです。ちょうど，星占いを信じているスペイン人が少なくないのと似たようなものでしょう。科学的根拠のあるなしに関わらず，なんとなく当たっているような気がして，みんなで盛り上がることのできる話題の一つなのです。

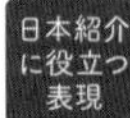

- 科学的根拠**がある** → **tener** base científica
- 星占い**を信じる** → **creer en** el horóscopo
- **場を盛り上げる** → **animar** el ambiente

88 ¿A qué se debe la escasez de líderes jóvenes?

若いリーダーが少ないのはなぜ？

E **Tengo la impresión de que en Japón hay menos líderes jóvenes que en España.**

日本はスペインと比べて，若いリーダーが少ないような気がするのですが。

J Ciertamente. Tanto en mundo de la política, como en de la economía escasean los líderes jóvenes. Creo que eso es debido a que hasta el momento tenía mucha fuerza la tradición del "ascenso por orden de antigüedad". Este es un sistema de ascenso en las empresas y organizaciones por el cual la posición y el sueldo van subiendo de acuerdo con la edad. Tal sistema se propagó en gran medida con el notable crecimiento de la economía del Japón de la posguerra.

確かに，政界でも経済界でも若い指導者はあまり多くいません。これまで「年功序列」の伝統が強かったためだと思います。「年功序列」とは，会社や組織で年齢が高くなるほど，給与も地位も上がっていく制度のことです。戦後日本の経済が著しく成長した時代に，この制度が広く一般化しました。

- 若いリーダー**が少ない** → **escasear** los líderes jóvenes［名詞：escasez 不足］
- 年功序列で**昇進する** → **ascender por** orden de antigüedad［名詞：ascenso 昇進］

E **Eso, en cierto sentido, ¿no es una injusticia? Aunque uno tenga capacidad, no le dan un puesto importante si es joven, ¿verdad?**

それって，ある意味，不公平ではありませんか？　能力が高くても，若いと重要な地位が与えられないのでしょう？

J　El "ascenso por orden de antigüedad" era posible porque en las empresas japonesas estaba garantizado el "empleo vitalicio". Es decir, cuando uno era empleado por una empresa, por lo general trabajaba en ella hasta su jubilación. Los empleados solían sentirse satisfechos, ya que, aunque el sueldo no fuera muy alto cuando eran jóvenes, si tenían paciencia y continuaban en la empresa, con el tiempo podían ascender de puesto y aumentar sus ingresos, por lo cual tenían pocas quejas. No obstante, con la caída de la tasa de natalidad, el envejecimiento de la población y el estancamiento económico se hizo muy difícil el mantenimiento del sistema de "ascenso según la edad" y "empleo vitalicio". Actualmente en las grandes empresas se dan con normalidad las rotaciones, los traslados a empresas relacionadas o las jubilaciones anticipadas. Por esta razón cada vez es mayor el número de jóvenes capacitados que son empleados por empresas de capital extranjero u optan por crear su propia empresa.

「年功序列」が可能だったのは，日本の企業では「終身雇用」が一般に保証されていたからです。つまり，一度企業に就職すると，定年まで働くのがふつうだったのです。若いとき給料が低くても，がまんして働き続ければ，やがて地位も高くなり収入も増えるので，不満も少なかったのです。しかし，少子高齢化や経済の停滞で，「年功序列」や「終身雇用」の制度を維持することは難しくなってしまいました。今では大企業でも配置転換，出向，早期退職は当たり前です。だから実力さえあれば，若くても力が発揮できる外資系企業への就職や起業の道を選ぶ若者がとても増えているのです。

- 終身雇用を保障する → garantizar el empleo vitalicio
- 昇進する → ascender [subir] de puesto
- 早期退職を選ぶ → optar por [elegir] la jubilación anticipada
- 起業する → crear su propia empresa [empezar su propio negocio]

E ¿Significa eso que a partir de ahora aumentará el número de líderes jóvenes?

これからは日本でも若いリーダーが増えていくということですか？

J Así es. En las nuevas empresas como las de tecnología de información que no tienen nada que ver con las tradicionales, también en Japón muchos líderes jóvenes están desplegando su actividad.

はい。IT 関連の新興企業など伝統にとらわれない分野では，日本でも若くて優秀なリーダーがすでにたくさん活躍しています。

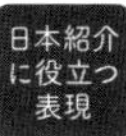

- IT 企業で働く → **trabajar en** una empresa de tecnología de la información
- **活躍する** → **desplegar** su actividad [trabajar activamente]

89 Puestos de policía

交　番

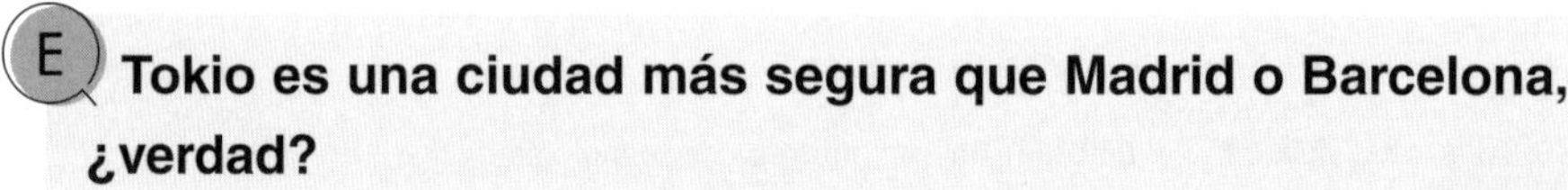

Tokio es una ciudad más segura que Madrid o Barcelona, ¿verdad?

マドリードやバルセロナに比べて，東京はまだまだ治安がいいですね？

Sí. Hay gente que va al servicio de una cafetería dejando el bolso en la mesa. No se les pasa por la cabeza que puedan robárselo. Eso es increíble en España, ¿no? Por cierto, ¿has oído decir que este alto nivel de seguridad se debe al desarrollo del sistema de *koban*, o puestos de policía?

そうですね。喫茶店などで鞄を席に置いたままトイレに行く人もよくいます。盗まれるかもしれないという発想がないのでしょう。スペインじゃ考えられませんよね。ところで，日本の治安がこんなにいいのは，交番制度が発達しているからだという説を聞いたことがありますか？

●〜という考えが頭を**よぎる** → **pasársele**（a ＋人）por la cabeza que

¿Puestos de policía? ¿Te refieres a las casetas de policía que se encuentran por toda la ciudad?

交番？　街角によくある警察の小さな建物のことですか？

Sí. En Japón también hay como en España comisarías con jurisdicción sobre zonas relativamente amplias, pero son numerosos los puestos de policía que se ocupan de zonas más pequeñas. Por ejemplo, en Tokio hay sin falta uno cerca de las estaciones principales. Dos o tres agentes de policía se encargan por turno de mantener la seguridad de la zona de los alrededores durante las 24 horas del día. Los policías de estos puestos conocen a fondo su zona, por lo que no es raro ver a alguien preguntándoles el camino. Estos puestos de Japón han llamado la atención en el extranjero también y en algunos países como EE.UU. o Singapur los han adoptado. Así, dicen que en Hawai hay uno que se llama "Puesto de policía de la Playa Waikiki".

はい。日本にはスペインと同じように，比較的広い地域を管轄する警察署もありますが，もっと狭い地域を管轄する交番がたくさんあるのです。たとえば，東京だと，主な駅のそばには必ず交番がありますよね。2～3人の警官が24時間交替で周辺地域の治安維持にあたっています。交番の警官は近所の地理にも詳しいので，交番で道を尋ねる風景もよく見られます。日本の交番制度は海外でも注目を浴びていて，アメリカやシンガポールでも取り入れられているのですよ。たとえば，ハワイには「ワイキキビーチ交番」というのがあるそうです。

- 新宿を管轄とする警察署 → comisaría con jurisdicción sobre Shinjuku
- 交代で担当する → encargarse por turno
- 治安を維持する → mantener la seguridad

E ¿Hay alguno en los países de habla hispana?

スペイン語圏にもありますか？

J Al parecer se introdujeron en El Salvador, Guatemala, Costa Rica, Nicaragua y Honduras desde el año 2008. En la actualidad Honduras cuenta con 10 puestos de policía que velan por la seguridad de la comunidad. En cierta zona donde ocurrieron nueve asesinatos en 2010, al año siguiente de la introducción del puesto policial se redujo solamente a uno.

2008年からエルサルバドル，グアテマラ，コスタリカ，ニカラグア，ホンジュラスにも交番システムが導入されたそうです。現在ホンジュラスでは，10の交番がコミュニティーの治安維持に役立っていて，2010年に9件殺人事件が起こったある地域では，導入後の翌年，1件にまで激減したという実績もあるのだそうです。

- スペイン語圏 → países de habla hispana
- 10か所の交番**を備えている** → **contar con** [tener] 10 puestos de policía
- 地域の安全**に気を配る** → **velar por** [estar pendiente de] la seguridad de la comunidad

Hoteles cápsula

カプセルホテル

¿Cómo son los hoteles cápsula?

カプセルホテルって，どんなホテルですか？

J Son unos hoteles especiales formados por numerosas habitaciones en forma de cápsula dispuestas en dos niveles. Dentro de la cápsula, aparte de la cama, hay lámparas, televisión, reloj despertador, etc., dispuestos funcionalmente de forma que se pueda activar estando echado. Muchos disponen de sauna o baño abiertos las 24 horas. El primero se abrió en Osaka desde donde se extendió por todo Japón al obtener una gran popularidad.

上下二段に配置された，たくさんのカプセル状の小部屋からなる特殊なホテルです。カプセルの中には，ベッドの他に，照明器具，テレビ，目覚まし時計などが寝たまま操作できるように機能的に配置されています。サウナが併設されていて，24 時間入浴可能な施設も少なくありません。1979 年に大阪で最初のカプセルホテルが生まれ，評判になり，日本中に広がりました。

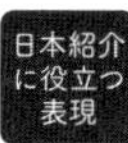

- 横たわっている → estar echado/da [acostado/da]
- サウナを備えている → disponer de [contar con] sauna

¿Por qué tuvo tanto éxito?

どうしてそんなに人気が出たのですか？

J La principal razón es su precio económico comparado con los hoteles normales. Los hombres de negocios los usan en lugar de los hoteles llamados "para negocios" y los turistas también se alojan allí en vez de hacerlo en los hoteles de tipo occidental o japonés. También los utilizan los que han perdido el último tren para volver a casa. Al no existir tales hoteles cápsula en el extranjero, se corrió la voz a través de las redes sociales, aumentando el número de turistas que quieren probarlos para tener una experiencia nueva.

ふつうのホテルよりも値段が安いことが一番の理由です。ビジネスマンがビジネスホテルの代わりに使い，観光客がホテルや旅館の代わりにも使用します。また，終電に乗り遅れて自宅に帰れなくなった人も利用します。外国にはカプセルホテルがないためSNS などで評判になり，体験したいという外国人も増えています。

- ●終電に乗り遅れる → **perder** el último tren
- ●（SNS で）噂が広がる → **correrse** la voz [rumorearse] (a través de las redes sociales)

E ¿Hay diferentes tipos de hoteles cápsula?

カプセルホテルにはいろいろな種類があるのですか？

J Sí. Últimamente los hay muy refinados. Algunos son populares entre las mujeres porque, tanto los artículos de aseo como la decoración de interior, tienen diseño uniformado de buen gusto.

はい，最近ではとてもオシャレなものもあります。設備やアメニティーグッズがセンスのいい統一デザインになっていて，女性客に人気のものもあるのですよ。

- ●アメニティグッズが豊富だ → **tener** variedad de artículos de aseo
- ●センスのいいデザインだ → **tener** diseño de buen gusto

91 *Pachinko*

パチンコ

E En España están muy extendidas las máquinas de apuestas, ¿y en Japón?

スペインはスロットマシーンが普及していますが，日本ではどうですか？

J Es cierto. En España no sólo hay máquinas de apuestas en los casinos, sino también en los bares. Cuando fui allí me sorprendió mucho ver a una ama de casa entregada a apostar en la máquina de un bar al volver de hacer la compra. En Japón también hay máquinas tragaperras como en España, pero el tipo llamado *pachinko* es más popular.

そう言えば，スペインではカジノだけでなく，バルにもスロットマシーンがありますね。私がスペインで驚いたのは，買い物途中の主婦までがバルでスロットマシーンに熱中していたことでした。日本でもパチスロという名の小型のスロットマシーンが人気ですが，スペインにはない「パチンコ」という機械はもっと普及しています。

- **賭け事に熱中する** → **entregarse a** apostar [entusiasmarse con las apuestas]
- スロットマシーンで遊ぶ → **jugar en las** máquinas tragaperras [de apuestas]

E ¿Qué tipo de juego es?

それはどんな遊びですか？

J En *pachinko* se usan pequeñas bolas en lugar de monedas. Por medio de una manivela se lanzan las bolas con impulso una tras otra y si se acierta a meterlas en unos agujeros determinados se gana el Gran Premio volviendo a salir numerosas bolas. Su gran popularidad se debe a que se pueden cambiar las bolas por artículos de uso diario como ropa, artículos para el hogar, cosméticos, alimentos, electrodomésticos, etc.

「パチンコ」は，コインの代わりに小さなボールを使います。ボールを次々に弾き出して，決まった穴に入れると大当たりとなり，大量のボールが戻ってくるという仕組みです。パチンコが人気なのは，そのボールをいろいろな景品に交換できるからです。景品には衣類，雑貨，化粧品，食品，電気製品など，さまざまな日常生活用品があります。

●**運よく**大金を稼ぐ → **acertar a** ganar mucho dinero
●大当たり**を当てる** → **ganar** el gran premio

¿No se puede conseguir dinero como premio?

景品として現金はもらえないのですか？

J No, no se puede. Solamente está permitido en las apuestas de determinadas empresas públicas como las carreras ciclistas, de caballos, o lanchas motoras. Si las empresas privadas de *pachinko* dieran dinero en efectivo como premio, se consideraría una apuesta ilegal y sería penalizada. Aun así siempre existe un vacío legal. Suele haber al lado de *pachinko* tiendas que compran algunos premios determinados ganados en ellos, por lo que son fácilmente convertidos en dinero. Aunque hay polémica sobre su legalidad, es ahí donde radica el éxito de *pachinko* en Japón.

いいえ，もらえません。日本は，競輪，競馬，競艇などの公営ギャンブルだけが認められています。民間業者のパチンコ店が現金を景品にすると，ギャンブルとみなされてしまいます。しかし，抜け道があるのです。パチンコの景品を買い取る別業者のお店が，パチンコ店のすぐそばにあるのです。人々は，ある特定の景品をそこで売ることで現金化しています。違法でないかとの議論もありますが，これがあるからこそ，パチンコは日本でとても人気があるのです。

●現金**で払う** → **pagar** en efectivo [en metálico]
●法律の抜け道（空白）**がある** → **existir** un vacío legal
●（合法性に関する）論争**が起こる** → **ocurrir** una polémica (sobre la legalidad de ...)

92 Baños públicos

銭　湯

¿Qué tipo de establecimiento es un baño público?

銭湯ってどんな施設ですか？

Como su nombre indica es un baño de pago que puede usar cualquiera. En la actualidad su número es reducido, pero antes se encontraban muchos en todas las ciudades, porque a medida que aumentaba la población en la postguerra se iban construyendo grand candidad de baños públicos. Se dice que en el año 1964 existían más de 20.000 en todo el país. Por aquel entonces muchas casas no contaban con baño, por lo que, según los registros, sobre el 40% de las familias utilizaban los baños públicos. Después, con el rápido desarrollo económico, las viviendas con baño se generalizaron reduciéndose el número de baños públicos. Aún así, no son pocos los mayores que los echan de menos.

公衆浴場のことで，今では少ないのですが，以前はどの都市にもたくさんありました。戦後，都市人口が増えるにつれて，銭湯もたくさん建設されたからです。1964年には全国で２万軒以上もあったそうです。当時は風呂のない家庭が多かったので，東京都の約 40%の家庭が銭湯を利用していたという記録もあります。その後，日本経済がどんどん成長すると，風呂付きの住宅が一般化し，銭湯の数は激減してしまいました。それでも，昔の銭湯を懐かしむ年配の人は少なくないのですよ。

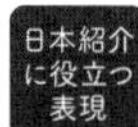

日本紹介に役立つ表現

- 人口が増える**につれて** → **a medida que** aumenta la población
- 記録によると → según los registros
- 銭湯**を懐かしむ** → **echar de menos** [en falta] los baños públicos

E **¿Por qué razón?**

どうしてですか？

J Eso se debe a que, en su época de esplendor, el baño público era literalmente un lugar para relacionarse con los vecinos "desnudos", es decir, sin tapujos. Para los niños era como ir a jugar al parque con sus amigos del barrio. Para los adultos era un lugar donde podían disfrutar charlando e intercambiando informaciones. Eran algo así como los bares españoles donde los ciudadanos se relacionan.

銭湯が盛んなころは，文字どおり，人々が裸でつきあえる地域の社交場だったからです。子どもにとっては近所の子たちと遊べる公園のような場所でした。大人にとっては，世間話を楽しみ情報を交換することのできる場でした。ちょうどスペインのバルが，近所の住民の社交の場になっていたのとよく似ています。

- 最盛期には → en su época de esplendor
- 近所の人たちと**交流する** → **relacionarse** [tener relación] **con** los vecinos
- 隠し立てせずに**話す** → **hablar** sin tapujos [con franqueza]

E **¿Acabarán por extinguirse los baños públicos?**

最終的に，銭湯はなくなってしまうのでしょうか？

J No, no lo creo. Últimamente gozan de gran popularidad los llamados "Súper baños públicos". De mayores dimensiones que los normales, ya que cuentan con diversos tipos de bañeras al aire libre, jacuzzi, sauna y restaurantes, se puede pasar en ellos un buen rato con la familia o los amigos. Creo que los baños públicos, cambiando de forma para adaptarse a los gustos de la época, continuarán formando parte de la vida japonesa.

いいえ，そうは思いません。最近は，「スーパー銭湯」と呼ばれる新しいタイプの銭湯が人気なのですよ。ふつうの銭湯より大規模で，各種の露天風呂，ジャグジー，サウナがあり，レストランも併設されているので，家族や友人と楽しめるのです。時代の好みを反映しながら形を変えて，銭湯はこれからも日本人の生活の一部であり続けると思います。

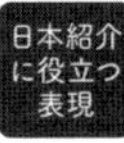

●銭湯**はなくなってしまう** → **extinguirse** [desaparecer] los baños públicos
●時代の好み**に適合する** → **adaptarse a** los gustos de la época

93 Respetar el semáforo en rojo

赤信号遵守

E **¿Por qué en Japón la gente no cruza la calzada aunque no venga ningún coche si el semáforo está en rojo?**

日本では，車が来ないときでも赤信号だと歩行者は道路を渡りませんよね。これはなぜですか？

J Pues, por el contrario, a mí me sorprendió en España que gran número de peatones hiciera caso omiso del semáforo en rojo. Ciertamente en España es normal cruzar con el semáforo en rojo si no vienen coches, ¿no? En mi opinión, los japoneses siempre esperan con el semáforo en rojo debido a la educación que les inculcan desde niños.

そうですね。逆に，私がスペインで驚いたのは，赤信号を無視する歩行者が多いことでした。スペインでは，車が来ないときは，赤信号でも道路を横断するのがふつうですよね。日本人が赤信号でいつも止まるのは，子どものときからの教育が徹底しているからだと思います。

- 道路［車道］を渡る → cruzar la calzada ［la calle］
- 信号を無視する → hacer caso omiso del semáforo ［no respetar el semáforo］
- 礼儀を教えこむ → inculcar ［enseñar］ buenos modales

¿Qué tipo de educación?

どんな教育ですか？

La enseñanza de la importancia de las reglas sociales. Se hace hincapié en pararse ante un semáforo en rojo, por supuesto, pero además en respetar otras varias reglas, como, por ejemplo, no tirar basura en los lugares públicos, ponerse en fila ordenadamente, respetar su turno en las colas, etc. A muchos extranjeros les extraña ver que en la confusión de las horas punta los japoneses montan ordenadamente en el tren, lo cual es asimismo resultado de la educación desde una corta edad. Por cierto, tengo la impresión de que el concepto de orden social es completamente diferente en Japón y en España.

社会的なルールの大切さを教える教育です。赤信号で止まることはもちろんですが，公共の場でゴミを捨てないこと，列を乱さないことなど，さまざまな規則を守ることが強調されています。日本人がラッシュアワーの混雑の中できちんと整列乗車するのを見て驚く外国人が多いようですが，これも子どものころからの教育の成果だと思います。また，日本とスペインでは，社会的秩序に対する考え方が根本的に違うような気がします。

日本紹介に役立つ表現

- 規則の重要性を強調する → hacer hincapié [poner énfasis] en la importancia de las reglas
- 赤信号で止まる → pararse ante un semáforo en rojo [反義：semáforo en verde 青信号]
- きちんと列に並ぶ → ponerse en fila [formar una fila] ordenadamente
- 列の順番を守る → respetar su turno en las colas

¿Qué quieres decir?

どういう意味ですか？

J En Japón, en diversas ocasiones, se pone énfasis en la importancia de respetar el orden social. Eso se deberá a la confianza puesta en el orden social. Por el contrario, en España, por supuesto, el orden social también es importante, pero pienso que, ante la posibilidad de que éste no funcione, se da más importancia a la capacidad de ingeniárselas por sí mismo ante cualquier situación. Quizá el contraste de actitud ante el semáforo en rojo cuando no vienen coches radique en esta diferente forma de pensar.

日本では，社会的秩序を守ることの大切さがさまざまな場面で強調されます。背景には，社会的秩序に対する信頼感があるのでしょう。これに対して，スペインでは，社会的秩序はもちろん大切だけど，乱れる可能性もあるのだから，どんな状況でも臨機応変に対応できる能力のほうが重要視されているような気がします。車が来ないときの赤信号に対する態度の違いも，そんな考え方の違いが背景にあるのかもしれません。

●どんな状況でも**臨機応変に対処する** → **ingeniárselas** [arreglárselas] ante cualquier situación

94 Abundancia de avisos en el tren

過剰な車内アナウンス

En los trenes japoneses dan muchos avisos, ¿qué dicen?

日本は電車内のアナウンスが多いようですが，何と言っているのですか？

J Bueno, pues, como en España, dicen el nombre de la siguiente estación, informan sobre la correspondencia con otras líneas, etc. Pero, también hay anuncios diferentes. Por ejemplo, si se produce un retraso de unos pocos minutos dirán: "Perdón por las molestias"; si hay mucha gente en el vagón: "Siéntense de modo que quede asiento para el mayor número de personas posible"; los días de lluvia: "No dejen olvidado el paraguas", etc.

そうですね。次の到着駅を告げたり，乗換案内をしたりしています。これはスペインの地下鉄でも同じですよね。違うのは，数分でも予定時刻を遅れると「ご迷惑をおかけして申し訳ございません」，車内が混むと「一人でも多くの方が座れますよう席を譲り合ってお掛けください」，雨の日は「傘を忘れないようにご注意ください」などのアナウンスがあることです。

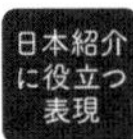

- アナウンスする → **dar** un aviso［参考：dar un anuncio は使わない］
- 乗換案内をする → **informar sobre** la correspondencia［el cambio］de trenes
- 遅延が発生する → **producirse** un retraso

¿Por qué anuncian tantas cosas?

なぜ，そんなことまでアナウンスするのですか？

Muchos japoneses piensan que decir el nombre de la estación siguiente o informar sobre la correspondencia puede ser útil, pero les parece exagerado que les digan que no olviden el paraguas. Algunos dicen que en el fondo de este aviso se oculta la intención de evitar la responsabilidad. En el caso de que ocurriera algún problema, podrían decir que ya les habían avisado de antemano.

到着駅名や乗換案内のアナウンスはさておき，「傘を忘れないように」など，おせっかいなアナウンスが多すぎると思っている日本人も少なくありません。責任回避が理由の一つだという人もいます。万が一トラブルが起きたとき，事前にアナウンスしてあったと説明できるようにしておきたいのかもしれません。

日本紹介に役立つ表現

- **傘を忘れる** → **olvidar** el paraguas
- 責任**を回避する** → **evitar** la responsabilidad
- 人々に（事前に）**知らせる** → **avisar** a la gente (de antemano)［名詞：aviso 知らせ］

¿Por qué hay tal necesidad?

なぜ，そんな必要があるのですか？

El esmerado servicio a los clientes en Japón es famoso en todo el mundo. Muchos extranjeros vuelven encantados del exquisito trato de los empleados a los clientes. Tal magnifico trato está en consonancia con que la demanda de los japoneses al sector servicios es muy exigente. Siempre esperan un trato perfecto y algunos se quejan insultando a los empleados en cuanto hay un pequeño fallo. Tal vez por eso haya excesivo servicio de anuncios dentro del tren.

日本の顧客サービスは世界でも定評があります。多くの外国人が日本人店員の接客態度に感激します。しかしこれは，日本人の接客サービスに対する要求度が非常に高いことの裏返しでもあるのです。完璧なサービスを当たり前と考えて，小さな不都合でも店員を罵倒する顧客もいるのです。日本では電車内のアナウンスで過剰なサービスを行うのも，そんな背景があるからかもしれません。

日本紹介に役立つ表現

- 日本人の性格**に合っている** → **estar en consonancia**［armonía］**con** el carácter japonés
- 完璧な待遇**を期待する** → **esperar** un trato perfecto

095

95 Luchadores extranjeros de Sumo

外国人力士

E **Cuando miro la lucha de Sumo veo que hay gran número de luchadores extranjeros. ¿Cuántos hay?**

相撲を見ていると外国人力士がずいぶん多いように感じるのですが，どのくらいいるのですか？

J Así es. Según los datos del año 2017, alrededor de un tercio de los luchadores de primera división eran extranjeros. Hubo una época en que era raro ver luchadores extranjeros. El mundo de Sumo se ha internacionalizado.

2017年のデータによると，幕内力士の約3分の1が外国籍なのですから確かに多いですね。かつては，外国人力士は珍しい時代もあったのですよ。相撲界もずいぶん国際的になったものです。

●一部リーグに昇格する → subir a primera división

E **¿Cuál es la razón de que haya tantos luchadores extranjeros siendo Sumo un deporte tan tradicional?**

相撲は日本の伝統的な競技ですよね。それなのに，外国人力士がこんなに多いのはなぜですか？

J Eso se debe a que ha disminuido el número de jóvenes japoneses que aspiran a ser luchadores, por lo cual se empezaron a buscar fuera de Japón personas con talento y como resultado se produjo un gran aumento de luchadores extranjeros. Pero no para ahí la cosa. *Yokozuna*, la posición más alta en la escala, durante largo tiempo estuvo ocupada por extranjeros. Sin embargo, por fin Kisenosato, un luchador de origen japonés, llegó a ser *yokozuna* por primera vez durante 19 años, en 2017 para alegría de mucha gente.

力士を目指す日本人の若者が減っていることが背景にあります。そこで，才能のある人材を海外に求めるようになった結果，外国人力士がこんなに増えてしまったのです。それだけではありません。相撲における最高位である横綱も長い間外国人力士に独占されていました。しかし，2017年，19年ぶりにやっと日本出身の横綱，稀勢の里が誕生し，多くの人が喜びました。

●力士になることを**切望する** → **aspirar a** [anhelar] ser luchador de Sumo
●才能ある人材**だ** → **ser** una persona con talento

E ¿Por qué disminuyó el número de aspirantes a luchadores?

なぜ，力士を志望する日本人が減ってしまったのですか？

J Creo que una razón fundamental es el crecimiento económico de Japón. Ya casi no se ve en los jóvenes el antiguo espíritu luchador para superar la pobreza. Por consiguiente, hay cada vez más jóvenes que se alejan del mundo de Sumo, el cual mantiene un sistema tradicional con duros entrenamientos.

日本が豊かになったことの影響が大きいと思います。かつてのハングリー精神は今の若者にはほとんど見られません。伝統的で，稽古が厳しい相撲界を敬遠する若者が増えてきたということでしょう。

●貧困を**克服する** → **superar** la pobreza

96 Razón de quitarse los zapatos en la entrada

玄関で靴を脱ぐ理由

E **¿Por qué los japoneses se quitan los zapatos en la entrada?**

なぜ日本人は玄関で靴を脱ぐのですか？

J Como sabes, el suelo de las casas tradicionales japonesas está cubierto con *tatami*, esteras de paja de arroz. Como podrá imaginarse, si *tatami* se ensucia de tierra resulta muy difícil limpiarlo. Además de eso, por tradición, los japoneses se sentaban directamente encima de *tatami* sin usar sillas y no dormían en una cama sino en un futón que tendían encima de *tatami*. En la actualidad se puede tener esta experiencia en un hotel de tipo japonés llamado *ryokan*. Por eso era necesario mantener siempre *tatami* limpio. Pienso que tal estilo de vida dio lugar a que los japoneses se descalzaran en la entrada. Aun hoy en día en que la mayoría de las casas se han occidentalizado, se continúa cumpliendo a rajatabla la costumbre de descalzarse en la entrada.

伝統的な日本家屋の床に畳が敷いてあるのはご存じですよね。畳が土で汚れたらきれいにするのが大変なことは想像できるでしょう。しかも，日本人は伝統的に，椅子を使わずに畳に直接座り，ベッドではなく畳に直接布団を敷いて寝ていました。この生活スタイルは旅館に行くと，今でも経験できますよね。だから，畳は絶えず清潔に保つ必要があったのです。そんな日本人のライフスタイルが，玄関で靴を脱ぐ生活習慣を生んだのではないかと思います。畳敷きの和室のない西洋風の家が大部分になった現在でも，玄関で靴を脱ぐという習慣はしっかり守られています。

- 布団を敷く → **tender** un futón
- 靴を脱ぐ習慣成立の**原因となる** → **dar lugar a** la costumbre de quitarse los zapatos
- ～の習慣を（厳格に）**実行する** → **cumplir** (a rajatabla) la costumbre de

¿No tiene nada que ver con el clima de Japón?

日本の気候は関係ないのですか？

J Sí, claro, creo que sí. En un país cálido y húmedo como Japón, en el que había muchas carreteras sin asfaltar, se formaban charcos cada vez que llovía. Si se entrara en casa calzado en tales condiciones sería lógico que se manchara.

もちろんあると思います。日本は高温多湿で雨が多く，昔は道路が舗装されていない場所もたくさんあって，雨のたびにぬかるみになっていました。そんな状態で，土足で家に入ったら汚れて当たり前ですよね。

- 高温多湿の国だ → **ser** un país cálido y húmedo
- 水たまり**ができる** → **formarse** charcos
- 履き物を履い**ている** → **estar** calzado/da［反義：descalzo/za 裸足の］

E ¿Existirá la costumbre de descalzarse en otros países también?

日本以外にも靴を脱ぐ習慣のある国はあるのでしょうか？

J Parece ser que la costumbre de descalzarse no es extraña en muchos países de Asia. Por ejemplo, en Corea. Sin embargo, en la mayor parte de China no lo hacen. Es interesante que en la misma Asia esto sea diferente depende del país.

調べてみると，アジアでは靴を脱ぐ国は珍しくないようですよ。たとえば，韓国もそうです。しかし，中国は脱がない地域が大半のようです。同じアジアでも国によって違いがあるのも面白いですね。

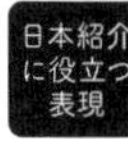

- **靴を脱ぐ** → **descalzarse** [quitarse] los zapatos

La sonrisa japonesa

日本人の笑顔

E **¡La sonrisa de los dependientes japoneses es encantadora! Es admirable que todos sean simpáticos y educados.**

日本の店員さんの笑顔って素敵ですね！　みんな愛想がよくて，礼儀正しいので感心します。

J Bueno, pero muchos japoneses cuando les dicen sonriendo “Bienvenidos” o “Gracias” piensan que es una sonrisa comercial y, por lo tanto, nada especial. Por eso, muchos japoneses cuando van al extranjero y ven que la mayoría de los dependientes no son amables se dan cuenta por primera vez de lo estupendo que es el trato a los clientes en Japón.

そうですね。でも，笑顔で「いらっしゃいませ」や「ありがとうございました」と言われても，客商売なのだから当たり前と感じている日本人も多いと思います。だから，外国に行って無愛想な店員が多いことに気づき，日本の接客態度の素晴らしさに初めて気づく日本人は少なくありません。

●接客 → trato a los clientes［動詞：tratar a los clientes 接客する］

E **Por cierto, no es solamente en las tiendas, muchos japoneses tienen siempre la sonrisa dibujada en la boca. ¿A qué se debe eso?**

そう言えば，日本人は店員さんだけでなく，多くの人が笑顔を絶やしませんね。これはどうしてですか？

J Eso es porque en Japón se aprecia mucho a la persona que en cualquier situación es capaz de crear un buen ambiente con su sonrisa. Los japoneses intentan hablar sonriendo no sólo cuando están contentos sino también, a veces, cuando en su fuero interno están enfadados o tristes. En el caso de los españoles es natural verles sonriendo cuando están contentos, pero si están enfadados o tristes se les nota enseguida en la cara. Muchos japoneses intentan hablar sonriendo en cualquier situación.

日本では，どんな状況でも笑顔でその場の雰囲気を和ませることのできる人が高く評価されることがよくあります。日本人は，楽しいときだけでなく，内心怒っているときや悲しいときでも笑顔で話そうと努めることがあるのですよ。スペイン人は，楽しいときは笑顔，怒ったときは不機嫌な顔，辛いときは悲しそうな顔が自然に現れますよね。日本人はどのような場面でも，笑顔で話そうとする人が多いのです。

E **¿Eso no es un acto de hipocresía?**

それって偽善ではありませんか？

J En absoluto. Esa sonrisa es para evitar a toda costa que los demás se sientan a disgusto. Para los japoneses es como una norma de educación para crear un ambiente en el que todo el mundo se sienta a gusto.

いいえ。どんなときでも相手に気まずい思いをさせたくないという配慮からの笑顔です。日本人にとっては，みんなが気持ちよく過ごせるようにするためのエチケットの一種のような感覚なのです。

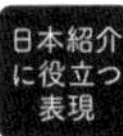

- 【その行為は】偽善だ → **ser** un acto de hipocresía［人が主語なら ser hipócrita（偽善者）］
- 気まずい思いをする → **sentirse** a disgusto［incómodo/da］
- エチケットを守る → **respetar** las normas de educación
- 居心地がいい → **sentirse** a gusto［cómodo/da］

98 Trucos para usar una casa pequeña como si fuera grande

狭い家を広く使う工夫

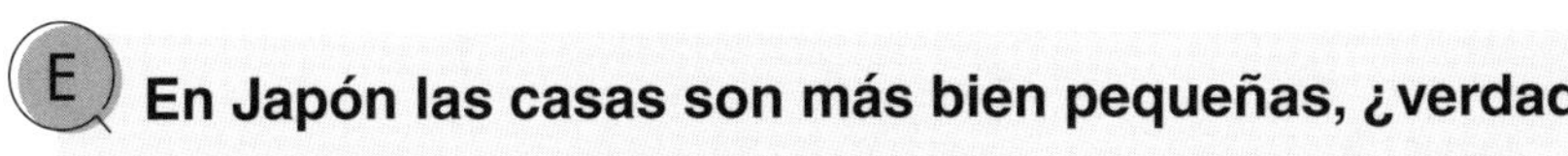

E En Japón las casas son más bien pequeñas, ¿verdad?

日本はどちらかというと狭い家が多いですよね？

J Sí, así es. Además de ser un país con poca superficie, la población se concentra en la llanura, por lo cual las casas suelen ser pequeñas. Eso es así desde la antigüedad. No obstante, se las arreglaban de diversas formas para usarlas como si fueran más grandes.

そうですね。日本は国土が狭い上に平野部に人口が集中していますから，一般に家はあまり広くないのです。これは昔から変わりません。しかし，伝統的な日本の家は，狭くても広く使う工夫がいろいろありました。

- ～は面積が狭い → tener poca superficie
- 人口が平野部に**集中する** → **concentrarse** la población **en** la llanura
- ～するために**工夫する** → **arreglárselas** [ingeniárselas] **para** ＋不定詞

E ¿Cómo?

どんな工夫ですか？

J Por ejemplo, ponen un armario empotrado llamado *oshiire* en la habitación para tener recogido durante el día el futón, una especie de colchón tradicional. Por la noche lo sacan y lo tienden en el suelo, convirtiéndose así en un instante la sala en dormitorio. En los dormitorios de España hay una cama, por lo que se usan sólo para dormir. Sin embargo, las habitaciones japonesas que tienen armario empotrado son muy prácticas pues se pueden usar tanto para dormir como para otros fines.

たとえば，部屋の一部にはめ込み式の収納棚（押し入れ）を作り，日中には布団（伝統的なマットレスの一種）をその中にしまっておくことです。夜に布団を出して床に敷くと，その部屋は寝室に早変わりするのです。スペインの寝室にはベッドが備え付けてあるので，寝るための部屋としてしか使えません。しかし，日本の押し入れのある部屋は寝室としても他の部屋としても使えるので，とても便利なのです。

- 押し入れ［埋め込んだタンス］**にそれを入れる** → **meterlo en** el armario empotrado
- **布団をしまう** → **recoger**［guardar］el futón
- **布団を出して**床に**敷く** → **sacar** el futón y **tender**lo en el suelo

¡Ah! Ya veo. ¿Hay otros trucos?

なるほど！　他にはどんな工夫がありますか？

J Crean una partición entre las habitaciones mediante un panel hecho de papel llamado *fusuma*. Al retirar éste, una habitación se convierte en otra más grande. Antes, era muy práctico, por ejemplo, se reunían los parientes para una boda, ya que quitaban *fusuma* para celebrar el banquete en una sala grande. Sin embargo, últimamente ha aumentado el número de casas de estilo occidental, por lo que cada vez hay menos habitaciones tradicionales con *fusuma*.

「襖（ふすま）」とよばれる紙製のパネルの扉を使って，部屋と部屋の間を分割していることです。境界となっている襖を取り外すことで，二つの部屋を一つの大広間として使用することもできるようになります。昔は，結婚式などで親戚が集まると，襖を取り外して大広間を作って宴会をするなど，とても便利に使っていました。しかし，最近は洋風の家が増えて，襖のある和室は減りつつあります。

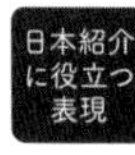

- **宴会をする** → **celebrar** un banquete

Sky Tree ("Arbol del cielo") de Tokio

東京スカイツリー

E **¿Qué es esa torre alta que destaca en el paisaje de Tokio?**

東京の景色の中でも一際目立つあの高い塔は何ですか？

J Es Sky Tree. Es una torre emisora de ondas que se terminó de construir en 2012. Antes se usaba con tal finalidad la Torre de Tokio, pero, debido al aumento de la construcción de rascacielos, resultaba difícil en algunas zonas recibir las ondas. De ahí que surgiera Sky Tree ante la necesidad de una torre emisora más alta.

あれは東京スカイツリーです。2012 年に完成したテレビ放送用の電波塔です。それ以前にも東京タワーという電波塔がその目的で使用されていたのですが，東京に超高層ビルが林立するようになると，電波が届きにくい地域が増えてしまいました。そこでもっと高い電波塔が必要となり，東京スカイツリーが作られたというわけです。

- 景色の中で**目立つ** → **destacar** [llamar la atención] en el paisaje
- 電波塔が**そびえている** → **levantarse** una torre emisora de ondas
- 電波を**受信する** → **recibir** las ondas

E **Entiendo. ¿Qué altura tiene?**

なるほど。高さはどのくらいあるのですか？

J Nada menos que 634 metros. Fue reconocida por el libro Guinness de los récords como la torre más alta del mundo en 2011. Con tal altura la vista de Tokio desde su mirador es impresionante. Se extiende ante los ojos una vista panorámica de 360 grados de las calles de la gran metrópoli de Tokio. Merece la pena ver todos los grandes rascacielos a nuestros pies. A lo lejos podemos divisar las verdes montañas y la Bahía de Tokio.

634 メートルもあります。これは，世界一高いタワーとして 2011 年にギネスブック に認定されました。それだけの高さですから，その展望台から見る東京の景色は感動的ですよ。大都会東京の街並みが 360 度のパノラマで眼下に広がるのです。すべての超高層ビルが足下に見える様子は一見の価値があります。遠くには青い山々や東京湾の海まで見渡せるのです。

- ●展望台からの景色 → vista desde el mirador
- ●**パノラマが広がる** → **extenderse** una vista panorámica [un panorama]
- ●東京湾**を見渡す** → **divisar** [contemplar] la Bahía de Tokio

Entonces será un lugar turístico muy popular, ¿no?

それならずいぶん人気の観光スポットなのでしょうね?

En efecto. Goza de la mayor popularidad como nueva atracción turística de Tokio. Desde que la inauguraron no dejan de venir turistas. Solamente en el primer año Sky Tree y la zona comercial colindante recibieron cincuenta millones de visitantes, un 60% más de lo previsto.

はい。東京の新名所としてダントツの人気です。開業以来，観光客が引きも切らない状況が続いていて，周辺の商業施設を含んだ東京スカイツリータウン全体で，最初の一年間だけで，当初の目標を 60%近く上回る 5,000 万人以上の来場者があったとのことです。

- ●観光スポット**だ** → **ser** una atracción turística

100 Restaurantes de comida japonesa

日本食レストラン

E ¿A qué se deberá el gran boom de la comida japonesa en el mundo?

日本食はなぜ，こんなに世界的なブームになったのでしょうか？

J Según las estadísticas de 2015 en el extranjero hay 89.000 restaurantes de comida japonesa. Pienso que tan amplia difusión por el mundo tiene que ver con el aumento de la conciencia de salud, puesto que la cocina japonesa tiene fama de saludable. Esto es debido a que usa preferentemente cereales y verduras, poca carne y, como fuente de proteínas, principalmente el pescado y la soja. En España también ha aumentado considerablemente el número de restaurantes japoneses. Antes sus clientes principales eran los empleados de las empresas japonesas y los turistas japoneses, sin embargo, ahora van muchos españoles. Por cierto, ¿sabes que casi no existen en Japón los restaurantes japoneses que son considerados tradicionales en España?

2015年の統計によると，海外の日本食レストランは89,000店もあるそうです。これだけ普及したのは，世界中で健康志向が高まっているからだと思います。日本食はヘルシーだと評判ですからね。これは穀物と野菜が中心で，肉が少なく，タンパク源が主に魚類や大豆中心だからです。スペインでも日本食レストランはずいぶん増えましたよね。昔の客層は，日本企業の駐在員や日本人観光客中心だったのですが，今ではたくさんのスペイン人で賑わっています。ところで，スペインで見かけるような典型的な日本食レストランは日本にはあまりないことを知っていますか？

●健康志向**が高まる** → **aumentar** la conciencia de salud
●ヘルシーだ**と評判だ** → **tener fama de** (ser) saludable [sano]
●穀物と野菜を（好んで）**使う** → **usar** (preferentemente) cereales y verduras

¿Ah, sí? ¿Cómo es eso?
えっ？　どういうことですか？

J Es que, en el extranjero, los restaurantes de comida japonesa tienen de todo: *sushi*, *tempura*, *sukiyaki*, *soba*, arroz con curry, *ramen*, etc., pero en Japón, por lo general, están divididos por especialidades.

海外にある日本食レストランでは，鮨，天ぷら，すき焼き，そば，カレーライス，ラーメンなどなんでも揃っていますが，日本ではそれぞれ，専門店に分かれているのがふつうだからです。

●専門**によって分かれている** → **estar divididos por** especialidades

Entiendo. ¿Y hay alguna otra diferencia?
なるほど。他にも違いはありますか？

J Es muy distinto el estilo de tomar el almuerzo. En España se come despacio disfrutando de la conversación, así que, aun en los restaurantes japoneses, se puede ver cómo la gente charla animadamente mientras come. En Japón, por el contrario, al mediodía se come fuera muy rápidamente. Hay quienes comen fideos japoneses de pie en la barra en 10 minutos. Es porque los días laborables el descanso del mediodía es corto y hay que volver pronto al trabajo o al colegio. Nos da mucha envidia la holgura de los españoles a la hora de la comida.

お昼の食事スタイルもだいぶ違います。スペインの昼食はゆっくり時間をかけておしゃべりを楽しむものです。だから，日本食レストランでも賑やかに食事や会話を楽しんでいる風景をよく見かけます。ところが，日本のお昼の外食風景はとても慌ただしいものです。10 分くらいで立ち食いそばを食べて終わりというのも珍しくありません。平日の昼休みだと，すぐに仕事や学校に戻らなければならないからです。スペイン人ののんびりした食事の楽しみ方は，日本人にはうらやましいかぎりなのです。

- 会話**を楽しむ** → **disfrutar de** la conversación
- （10 分間で）そばを立ち**食いする** → **comer** fideos de pie en la barra (en 10 minutos)
- スペイン人の余裕がうらやましい → **dar** envidia la holgura de los españoles

著者紹介

瓜谷　望

1952 年東京生まれ。1977 年神奈川大学外国語学部スペイン語学科卒業。1982 年上智大学大学院外国語研究科言語学専攻博士前期課程修了。1987 年マドリード・コンプルテンセ大学哲文学部大学院博士課程修了。文学博士。拓殖大学外国語学部名誉教授。

著書に『新版スペイン語の入門』（共著，白水社），『和西辞典』（共著，白水社），『スペイン語会話練習帳』（共著，大学書林）などがある。

瓜谷　アウロラ

1954 年スペイン生まれ。1978 年東京外国語大学特設日本語学科修了。早稲田大学，上智大学，法政大学等非常勤講師。

著書に『日本語スペイン語対照生活会話ノート』（共著，三修社），『スペイン語会話練習帳』（共著，大学書林）などがある。

音声ダウンロード・ストリーミング

1. PC・スマートフォンで本書の音声ページにアクセスします。
https://www.sanshusha.co.jp/np/onsei/isbn/9784384059571/
2. シリアルコード「05957」を入力。

3. 音声ダウンロード・ストリーミングをご利用いただけます。

音声DL付
新・スペイン人が日本人によく聞く100の質問
スペイン語で日本について話すための本

2022年6月20日　第1刷発行

著　者　瓜谷 望　瓜谷 アウロラ
発行者　前田 俊秀
発行所　株式会社 三修社
〒150-0001　東京都渋谷区神宮前 2-2-22
TEL 03-3405-4511　FAX 03-3405-4522
振替 00190-9-72758
https://www.sanshusha.co.jp
編集担当　松居奈都

印刷製本　萩原印刷株式会社
音声制作　有限会社スタジオグラッド

ISBN978-4-384-05957-1 C1087

装　　幀　越阪部ワタル
本文イラスト　瓜谷 茜
ナレーター　瓜谷アウロラ　Emilio Gallego
編集協力　中山祐子　坂口友哉